J. M. Suominen

torpparin pojasta nahkurimestariksi

Juho-paapa kuoli vuonna 1955 ollessani noin seitsemänvuotias. Muistikuvani hänestä ovat siksi utuiset, mutta mieleen on sentään jäänyt pienet hetket hänen polvellaan.

— Pertti Suominen: Kaksi sukupolvea nahkatehtaan nurkilla.

Petri Suominen

J. M. Suominen

torpparin pojasta nahkurimestariksi

Kannen taustakuva:
Felipe Santana, Unsplash

2. korjattu ja täydennetty painos

Kustantaja: BoD · Books on Demand, Mannerheimintie 12 B,

00100 Helsinki, bod@bod.fi

Kirjapaino: Libri Plureos GmbH, Friedensallee 273,

22763 Hampuri, Saksa

ISBN: 978-952-33-9630-2

Johdanto

Sukunimet olivat vielä 1800-luvun Varsinais-Suomessa varsin harvinaisia. Sukunimen sijaan käytettiin patronyymiä, eli isänimeä tai asuintalon nimeä. Juho Mauritsilla tai hänen sisaruksillaan ei ollut syntyessään sukunimeä, vaan jokainen heistä otti tai sai sukunimen viimeistään 1900-luvun alussa.

Kirkonkirjoissa esiintyvät etunimet vaihtelevat 1800-luvulla ja vielä 1900-luvun alussa jonkin verran paikkakunnasta ja seurakunnan kirjurista riippuen. Olen käyttänyt johdonmukaisuuden vuoksi kaikista etunimistä niiden modernia muotoa.

Kunkin vuoden henkikirja laadittiin edellisen vuoden lopulla, joten henkikirjat kuvaavat todellisuudessa edellisen vuoden lopun tilannetta. Samoihin aikoihin päättyivät piikojen ja renkien sopimukset, joten he vaihtoivat yleensä talojen välillä marraskuussa.

Haluan kiittää isääni Pertti Suomista, joka on taltioinut vanhojen kuvien ja papereiden lisäksi myös perimätietoa, josta olen aiemmin koonnut kirjan "Kaksi sukupolvea nahkatehtaan nurkilla". Vaikka jutut ovat voineet muuttua ja värittyä sukupolvelta toiselle kulkiessaan, niiden avulla on mahdollista oppia tuntemaan Juhoa tavalla, joka ei onnistuisi pelkkien arkistotietojen pohjalta.

Kiitos kuuluu myös kumppanilleni Suvi Silvennoiselle oikoluvusta ja siitä, että hän antoi minun käyttää tämän kirjan kirjoittamiseen kymmeniä tunteja, jotka olisimme voineet käyttää myös yhdessä.

Tekijä

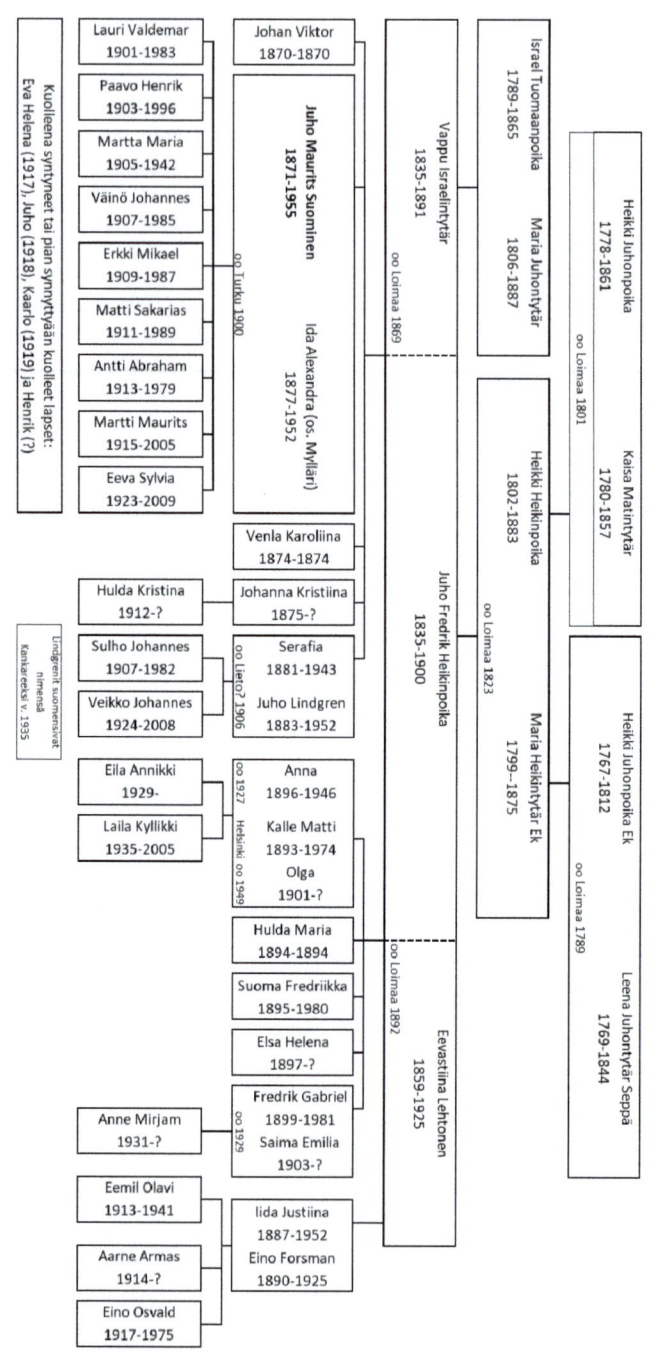

Lauri Valdemar 1901-1983

Paavo Henrik 1903-1996

Martta Maria 1905-1942

Väinö Johannes 1907-1985

Erkki Mikael 1909-1987

Matti Sakarias 1911-1989

Antti Abraham 1913-1979

Martti Maurits 1915-2005

Eeva Sylvia 1923-2009

Johan Viktor 1870-1870

Juho Maurits Suominen 1871-1955

Ida Alexandra (os. Mylläri) 1877-1952

oo Turku 1900

Vappu Israelintytär 1835-1891

oo Loimaa 1869

Israel Tuomaanpoika 1789-1865

Maria Juhontytär 1806-1887

Heikki Juhonpoika 1778-1861

Kaisa Matintytär 1780-1857

oo Loimaa 1801

Heikki Heikinpoika 1802-1883

oo Loimaa 1823

Maria Heikintytär Ek 1799-1875

Heikki Juhonpoika Ek 1767-1812

Leena Juhontytär Seppä 1769-1844

oo Loimaa 1789

Juho Fredrik Heikinpoika 1835-1900

oo Loimaa 1892

Eevastiina Lehtonen 1859-1925

Venla Karoliina 1874-1874

Johanna Kristiina 1875-?

Serafia 1881-1943

Juho Lindgren 1883-1952

oo Lieto? 1906

Hulda Kristina 1912-?

Sulho Johannes 1907-1982

Veikko Johannes 1924-2008

Anna 1896-1946

Kalle Matti 1893-1974

Olga 1901-?

oo 1927

Helsinki oo 1949

Eila Annikki 1929-

Laila Kyllikki 1935-2005

Hulda Maria 1894-1894

Suoma Fredriikka 1895-1980

Elsa Helena 1897-?

Fredrik Gabriel 1899-1981

Saima Emilia 1903-?

oo 1929

Anne Mirjam 1931-?

Iida Justiina 1887-1952

Eino Forsman 1890-1925

Eemil Olavi 1913-1941

Aarne Armas 1914-?

Eino Osvald 1917-1975

Kuolleena syntyneet tai pian synnytyvään kuolleet lapset:
Eva Helena (1917), Juho (1918), Kaarlo (1919) ja Henrik (?)

Lindgrenit suomensivat nimensä
Kankareeksi v. 1935

Lapsuus

Juho Maurits syntyi 12.10.1871 Loimaan pappilan Jaakolan torppaan. Kirkon lähellä sijaitseva pappila on nykyään yksityisomistuksessa, ja aiempi Loimaan kunnan keskusta Hirvikoski on rakentunut pitkälti sen maille.

Loimaan pappilan tilukset sijaitsivat viljavalla seudulla, joten torppareillakin oli ilmeisesti mahdollisuudet melko hyvään toimeentuloon. Jaakolan torpalla oli 1870-luvulla kahteen otteeseen renkikin palkattuna.

Osa Loimaata ja Ypäjää.

Loimaalla oli Juhon lapsuudessa useita Jaakola-nimisiä torppia ja pari samannimistä tilaakin, joten arkistotietojen kanssa pitää olla tarkkana. Esimerkiksi yksi tunnetuimpia loimaalaisia, taiteilija Alpo Jaakola kasvoi lähellä nykyistä Loimaan keskustaa sijainneen Karhulan Jaakolan torpassa.

En ole valitettavasti onnistunut paikallistamaan, missä pappilan Jaakola aikoinaan sijaitsi, sillä sitä ei ole merkitty yhteenkään löytämääni karttaan.

Isä, Juho Fredrik

Juho Fredrik Heikinpoika (1870-luvulta alkaen kirkonkirjoissa myös Juho Weetrik ja Juho Veetrikki) syntyi Loimaalla, Isoperän kylässä Viuhkon talolle kuuluneessa Heikkilän torpassa 21.6.1835. Hän oli seitsemäs Heikki Heikinpojan ja Maria Heikintyttären kaikkiaan kahdeksasta lapsesta. Heikki-isä oli ainakin toisen polven torppari, ja esi-isissä oli myös seppiä, joten suvulla oli melko vakiintunut asema kotiseudullaan.

Juho Fredrikin vanhemmista veljistä kaksi menehtyi lapsena, ja muut vanhemmat sisarukset olivat jo lähteneet maailmalle, kun 16 vuotta täyttänyt Juho Fredrik lähti rengiksi samassa kylässä sijainneeseen Soinan rustholliin.

Kun nuorin veli Matti lähti kotoaan vuonna 1853, Juho Fredrik palasi vielä pariksi vuodeksi kotitorppaansa auttamaan isäänsä. Pikkuveli palasi kotitorppaansa vuonna 1855, ja Juho Fredrik sai Klokkarlaan siirtyneen isoveljensä paikan Pappilan Jaakolan renkinä.

Juho Fredrik käväisi välillä Hirvikosken kylässä Kitkon verotilan renkinä (1857–1858) sekä pappilan renkinä (1860), mutta palasi aina uudestaan rengiksi Jaakolan torppaan. Vuonna 1863 hän oli hetken renkinä Mannisen kylän Paavolassa, mutta siirtyi vielä samana vuonna Seppälän rustholliin.

Renkinä raataminen loppui vuonna 1868, kun Juho Fredrik sai hoidettavakseen saman Jaakolan torpan, jossa oli ollut aiemmin renkinä. Torppa lienee vapautunut, kun aiempi torppari sai "viran" haudankaivajana.

Äiti, Vappu Israelintytär

Torppariksi päästyään Juho Fredrik saattoi perustaa perheen. Hän avioitui Vappu Israelintyttären kanssa 20.7.1869. Aviopuolisot olivat ehtineet jo 34 vuoden ikään, ja tuore vaimo oli vielä muutaman kuukauden aviomiestään vanhempi.

Vappu oli syntynyt 16.1.1835 Huhtasaaren torpassa Metsämaalla, joka oli tuolloin Loimaan kappeliseurakunta. Vapun isä Israel oli jäänyt kolme vuotta aiemmin leskeksi, mutta mennyt uudellaan naimisiin. Vappu oli ensimmäinen isän uudesta avioliitosta syntynyt lapsi, mutta sisaruksia tuli myöhemmin lisää useita.

Vapun isä kuoli 76-vuotiaana vuonna 1865, mutta Vappu jäi kotitorppaansa uuden torpparin piiaksi avioitumiseensa asti.

Sisarukset

Juho Fredrikille ja Vapulle oli syntynyt yksi lapsi jo ennen Juho Mauritsia. 6. lokakuuta 1870 syntynyt Johan Viktor menehtyi kuitenkin vielä samana vuonna. Kova kohtalo oli myös Juho Mauritsista seuraavalla lapsella, kesäkuun 6. päivänä 1874 syntyneellä Venla Karoliinalla, joka kuoli tasan kaksi kuukautta syntymänsä jälkeen.

Venla Karoliinan jälkeen perheeseen syntyi vielä kaksi tytärtä, Johanna Kristiina (19.7.1875, vuoteen 1910 asti Juhanna) ja Serafia (7.8.1881).

Äidin kuolema

Vappu-äiti kuoli 56-vuotispäivänään 16.1.1891. Koska kuopus Serafia oli äitinsä kuoleman aikaan alle 10-vuotias, ja Juho oli samoihin aikoihin mahdollisesti Turussa, 15-vuotias Johanna joutui varmasti ottamaan suuren vastuun torpan taloudenpidosta.

Äitipuoli ja puolisisarukset

Oli yleinen käytäntö, että leskeksi jäänyt mies avioitui nopeasti uudestaan, varsinkin jos hänellä oli pieniä lapsia. Juhon isä ehti olla leskenä vain reilun vuoden ennen kuin avioitui 24 vuotta nuoremman Eevastiina Lehtosen kanssa 18.3.1892. Vihkiminen tapahtui Loimaan pappilassa.

Aviottomana syntynyt aviottoman lapsen äiti

Juho Fredrikiä ei ilmeisesti haitannut Eevastiinan heikko sosiaalinen asema. Eevastiina oli nimittäin syntynyt piika Annastina Matintyttären aviottomana lapsena 11.12.1859. Hänellä oli yhdeksän vuotta vanhempi sisko Vilhelmiina, joka oli syntynyt niin ikään avioliiton ulkopuolella. Tytöt seurasivat äitinsä mukana Loimaan Hurskalan kylän talosta toiseen kunnes Annastina-äiti menehtyi 25.9.1867 ollessaan piikana Mattilan talossa. Vilhelmiina oli äitinsä kuoleman aikaan riittävän vanha jäämään Mattilaan piiaksi, mutta Eevastiinaa heiteltiin pikkupiikana talosta toiseen.

Vuonna 1874 Eevastiinan nimestä on ollut jotain epäselvyyttä, sillä hänelle on lisätty rippikirjaan merkintä "Ristimyskirjassa Eevastiina, vaikka väitetty Eeva Liisaksi." Samana vuonna hänelle on myös lisätty ensimmäistä kertaa rippikirjaan maininta "kuuro". Vuonna 1878 merkintä lieventyi "huonokuuloiseksi".

Eevastiinan työpaikka vaihtui lähes vuosittain myös ripille pääsyn jälkeen. Vuonna 1885 Eevastiinalle on kirjattu sukunimi Lehtonen. Virkaintoinen pappi oli ehkä päättänyt tällä tavalla muistuttaa Eevastiina-parkaa siitä, että hän oli niin sanottu lehtolapsi.

Eevastiina Lehtonen muutti vuonna 1886 naapuripitäjä Perttulaan (nykyään Ypäjä), jossa synnytti 16.6.1887 aviottoman lapsen, joka sai nimekseen Ida Justiina. Avioliiton ulkopuolella syntynyt, jo neljä vuotta aiemmin salavuoteudesta ripitetty ja nyt aviottoman lapsen saanut Eevastiina putosi tuon ajan sosiaalisen asteikon pohjalle. Hän vietti Iidan kanssa kolme vuotta irtolaisena, kunnes pääsi piiaksi Loimaan Vesikosken kylän Kuukan taloon joulukuussa 1890. Tässä talossa hän työskenteli avioitumiseensa asti.

Eevastiinalle syntyi viisi lasta avioliitossa Juho Fredrikin kanssa: Kalle Matti, Hulda Maria, Suoma Fredriikka, Elsa Helena ja Fredrik Gabriel.

Eevastiinan avioton lapsi Ida meni Turussa naimisiin Eino Forsmanin kanssa, sai kolme lasta ja menehtyi Kaarinassa 12.12.1952.

Kalle Matti

Kalle Matti (kirkonkirjoissa aluksi Karl Mattias) syntyi 11.2.1893. Kalle lähti Isoperän Uotilan rengiksi vuonna 1909, mutta siirtyi jo seuraavana vuonna Hirvikosken Mahlamäkeen kappalaisen virkatalon rengiksi. Kalle muutti Metsämaalle 10.11.1911 ja otti siellä sukunimen Jaakkola. Hän palasi ilmeisesti 27.12.1912 pappilaan.

Helsingin poliisilaitoksen osoiterekisterin mukaan Kalle muutti Turusta Helsinkiin 2.7.1915. Hänen ammatikseen on tuolloin merkitty työmies, joka on myöhemmin korjattu ulkotyömieheksi. Kalle asui Helsingissä useissa osoitteissa pääasiassa Kallion ja Sörnäisten tienoilla.

Kalle avioitui Anna Makkosen kanssa 26.6.1927. Anna oli syntynyt Taipaleella 22.10.1904 Taipaleella. Kalle ja Anna saivat kaksi tytärtä. Eila Annikki syntyi 18.6.1929 ja Laila Kyllikki 3.6.1935. Laila menehtyi vuonna 2005.

Anna kuoli alle 50-vuotiaana 30.7.1946 pudottuaan raitiovaunusta. Kalle meni uudelleen naimisiin 8.4.1949 Viipurin maalaiskunnassa 1.11.1901 syntyneen Olga Tynin kanssa. Kalle menehtyi 12.5.1974. Kalle ja Anna on haudattu Malmin hautausmaalle Helsinkiin.

Hulda Maria

Hulda Maria syntyi 27.6.1894, mutta kuoli vielä samana vuonna 4.11.1894.

Suoma Fredriikka

Suoma Fredriikka syntyi 10.11.1895. Hän lähti Loimaalta 1.10.1910 Artjärvelle, jossa oli aluksi ilmeisesti Hulda Rantasen kasvattityttärenä. Suoma toimi jo hyvin nuorena kiertokoulun opettajana ja asui vuodesta 1916 Artjärven pappilassa. Artjärvellä hänelle on merkitty sukunimeksi Jaakola.

Suoma muutti Artjärveltä takaisin Loimaalle 29.4.1917. Näihin aikoihin hänen sukunimensä muuttui Jaakkolaksi. Suoma muutti elokuussa 1918 Kiikoisiin ja toimi siellä kiertokoulun opettajana vuoteen 1923 asti sekä alakansakoulunopettajana vuodet 1923–24.

Vuonna 1922 Hämeen kansalaisopistossa ja kesällä 1923 Hämeenlinnassa alkukoulunopettajain täydennyskurssilla opiskeli Suoma Jaakkola. Ainakin jälkimmäinen on todennäköisesti Suoma Fredriikka.

Suoma valittiin kiertokoulun opettajaksi Simpeleelle vuonna 1924, mutta hän ei ilmeisesti ottanut paikkaa vastaan. Ehkä hän joutui palaamaan Loimaalle auttamaan huonokuntoista äitiään, sillä asui taas siellä lokakuussa 1925, kun hänet valittiin opettajaksi Hämeenkyrön kiertokouluun. Suoma työskenteli Hämeenkyrössä vuoteen 1932, jolloin sikäläinen kiertokoulu lakkautettiin.

Suoma muutti lokakuussa 1932 Tuusulaan, jossa hän sai opettajan sijaisuuden Paijalan alakansakoulussa. Myöhempinä vuosina Keravalla piti Helleborgin huvilassa täysihoitolaa Suoma Jaakkola, joka muun muassa houkutteli Keski-Uusimaa-lehdessä asiakkaiksi erityisesti yhteiskoulun oppilaita. Voi siis olla, että Suoma Fredriikka on jäänyt sijaisuuden jälkeen Keski-Uudellemaalle ja vaihtanut alaa.

Suoma Fredriikka menehtyi 21.9.1980 ja on haudattu Keravalle. Hautakivi on poistettu ja hatapaikka on palautunut seurakunnalle.

Tiedot Suoman elämästä vuoden 1917 jälkeen perustuvat kuolinaikaa ja hautapaikkaa lukuun ottamatta lehtiartikkeleihin.

Elsa Helena

Elsa Helena syntyi 24.9.1897. Hän muutti Pieksämäelle sikäläisen kuuromykkien koulun johtajattarena olleen turkulaissyntyisen Aina Maria Vialénin kasvatiksi vuonna 1913. Elsa otti sukunimekseen Jaakkola. Elsa aloitti Aamulehden ja Kangasalan Sanomien mukaan opinnot Kangasalan kotitalouskoulussa 5.5.1919 ensimmäisten joukossa. Hänen tämän jälkeisistä vaiheistaan en ole löytänyt tietoa.

Fredrik Gabriel

Juho Fredrikin ja Eevastiinan kuopus, Fredrik Gabriel (myös Veetrikki Gabriel) syntyi 20.3.1899. Hän jäi asumaan pappilan maille sisällissotaan asti ja otti sukunimekseen Jaakkola.

Nuori leski

Juho Fredrik kuoli keuhkotautiin 65-vuotiaana 30.7.1900. Hän oli jo ennen kuolemaansa menettänyt torppansa, sillä vuosien 1893–1902 rippikirjaan on lisätty torpparia kuvaavan lyhenteen eteen "Ent.". Keuhkotauti oli varmaan pahentuessaan vienyt työkyvyn jonkin aikaa ennen kuolemaa.

40-vuotiaalle Eevastiinalle ja lapsille miehen kuolema oli katastrofi, sillä perhettä uhkasi taas paluu yhteiskunnan pohjalle. Onneksi pappila piti huolta kuolleen torpparinsa perheestä, sillä Eevastiina ja lapset saivat jäädä asumaan pappilan maille.

Vuosien 1903–1912 rippikirjan mukaan kirkon taloudenhoitajana toiminut pitäjännahkuri Juha Fredrik Nordfors oli vuokrannut Jaakolan lisäksi ainakin Mattilan torpan. Nordfors asui itse pappilaa lähellä olevan Hirvikosken kylän Koskenpäässä.

Vuoden 1903 ja 1904 henkikirjoissa Eevastiina on merkitty nimellä "itseellinen Eva Jaakkola" ja sen jälkeisissä henkikirjoissa entiseksi torppariksi. Vuodesta 1908 lähtien hänet on kirjattu varattomaksi ja myöhemmin myös kivulloiseksi. Eevastiina menehtyi Loimaalla 63-vuotiaana 7.4.1925.

Sisaret Johanna ja Serafia

Johanna lähti pappilan Korkeamäen torppaan poliisikonstaapeli Häyrisen piiaksi vuonna 1892 sen jälkeen, kun Juho Fredrik oli avioitunut uudelleen. Johanna siirtyi seuraavana vuonna pappilan Pyssymäen torppaan ja taas vuotta myöhemmin Kurittulan Ylimikolaan. Sielläkin hän oli piikana vain vuoden ennen kuin siirtyi vuonna 1895 Hirvikosken Kitkoon, jossa piikoi kaksi vuotta. Vuonna 1897 Johanna siirtyi Klokkarlan ja vuonna 1898 Ilmarisen Kössin piiaksi. Kössissä ollessaan hän otti sukunimekseen Sirén.

Juhon nuorempi sisko Serafia lähti 16 vuotta täytettyään piiaksi Piltolan kylän Houkan taloon, ja otti siellä ollessaan sukunimen Lindén.

Yhdessä Littoisten tehtaalle

Vuonna 1901 Johanna ja Serafia ottivat yhdessä rohkean askeleen ja muuttivat Lietoon, jossa molemmat menivät töihin Littoisten tehtaalle. Pesti jäi jostain syystä lyhyeksi, ja molemmat palasivat jo seuraavana vuonna piioiksi. Molemmat saivat paikan Loukinaisen kylästä, Johanna Vähä-Heikkilästä ja Serafia Setälästä.

Johanna jatkaa piikana

Johanna oli Mikolan talon piikana vuodet 1903–1905 ja muutti sen jälkeen Sauvoon. Hän aloitti Naarslahden piikana, mutta siirtyi jo seuraavana vuonna Hännikbölen kylään, jossa oli ensin vuoden Vähätalon ja sitten kaksi vuotta Isotalon piikana. Vuonna 1909 Johanna muutti Sauvon kappeliseurakunta Karunaan, jossa hän oli piikana Eekniemessä, Eisbölessä, Kärkniemessä ja Stappåkerissa. Hän synnytti 14.2.1912 Eisbölen piikana ollessaan aviottoman lapsen, joka sain nimen Hulda Kristina.

Johanna muutti Turkuun vuonna 1916 ja asui siellä tyttärensä kanssa ainakin vuoteen 1920 asti.

Serafia Lindgren, myöhemmin Kankare

Serafia vaihtoi vuonna 1904 sukunimekseen Lehti ja siirtyi piikomaan Loukinaisten Vähä-Heikkilään, jossa Johanna-sisko oli ollut piikana vielä vuotta aikaisemmin.

Serafia meni 11.11.1906 naimisiin Dragsfjärdissä asuneen renki Juho Kustaa Lindgrenin kanssa. Aviopari muutti samana päivänä Loukinaisten Setälään, jossa Serafia oli ollut piikana vain kaksi vuotta aiemmin. Lindgrenit saivat 11.10.1907 pojan, joka sai nimen Sulho Johannes.

Juho Lindgren työskenteli vuosina 1908–1911 Littoisten tehtaalla. Perhe palasi sen jälkeen Loukinaisten Setälään. Rippikirjan mukaan perhe muutti Piikkiöön 27.10.1913, mutta helmikuussa 1914 he olivat jälleen Loukinaisissa, nyt Iso-Heikkilässä. Vuonna 1917 Lindgrenit asuivat henkikirjan mukaan Loukinaisten Mikolassa. He asuivat Turussa, kun toinen poika Veikko Johannes syntyi 25.6.1924.

Koko perhe suomensi sukunimensä isä-Juhon lapsuuden torpan nimen mukaisesti Kankareeksi heinäkuussa 1935. Serafia menehtyi 1.8.1943 ja Juho 12.2.1952.

Sulho meni vuonna 1941 naimisiin Irja Orvokki Ikäheimosen kanssa. Sulho menehtyi 27.11.1982 ja Irja 30.6.2001. Heillä oli Sulhon kantakortin mukaan kaksi lasta.

Veikko Johannes avioitui 11.10.1947 Anna Marita Lindbergin (syntynyt 10.12.1924) kanssa Paraisilla. Marita menehtyi 23.9.1993 ja Veikko 13.1.2008. Veikon kantakortin mukaan heillä ei ollut lapsia.

Juho, Serafia, Sulho, Irja, Veikko ja Anna on haudattu samaan perhehautaan Turun hautausmaalle.

Oppivuodet

Juho valitsi nahkurin ammatin jo varhain. On mahdollista, että Juho käväisi Turussa nahkurinopissa jo vuonna 1891, mutta varmaa on ainakin se, että hän oli viimeistään toukokuussa 1892 Hirvikoskella nahkuri Kaarle Nordforsin renkinä, eli luultavasti apulaisena.

Juho palasi vielä seuraavana vuonna hetkeksi isänsä torppaan, mutta oli viimeistään huhtikuussa 1894 taas Hirvikoskella, nyt Kaarle Nordforsin pojan, pitäjännahkuri Juho Fredrik Nordforsin renkinä. Näihin aikoihin hänelle lisättiin rippikirjaan ensimmäisen kerran sukunimi Suominen. Juho kertoi itse myöhemmin valinneensa tämän itselleen mieluisen nimen Turun puhelinluettelosta.

Nuori Juho
(Pertti Suomisen kokoelmat, kuvaaja tuntematon)

Juho jätti Loimaan lopullisesti taakseen 23-vuotiaana 5. marraskuuta 1894. Hän oli ensin ilmoittanut lähtevänsä Turkuun, ja tämä merkintä jäi rippikirjaan. Muuttokirjassa määräpaikaksi on kuitenkin korjattu Viipuri, jonka maaseurakunnan kirjoihin hänet onkin kirjattu saapuneeksi 29.12.1894.

Viipuri

Viipurissa Juhon syntymäpäiväksi on jostain syystä vaihtunut 12.12.1871. Tämä syntymäpäivä hänelle on merkitty kirkonkirjoihin koko loppuelämän ajan, vaikka muistokirjoitukseen on osattu kirjoittaa oikea päivämäärä.

Nahkurin oppilaan työ oli rankkaa. Juho on kertonut myöhemmin, että vaatimaton palkka määräytyi oppilaan päivän aikana suolaamien nahkojen määrän mukaan. Valmiiksi suolatuista nahoista täytyi pitää huoli, sillä nahkurin muut oppilaat tai epärehelliset rengit saattoivat jakaa paikkansa hetkeksikin jättäneen miehen valmiit nahat keskenään. Vaikka joku kelmi jäi joskus tästä kiinni ja sai potkut, oli tavallista, että hän palasi seuraavana päivänä töihin entiseen tapaan. Osaavaa työvoimaa ei luultavasti ollut helposti saatavilla.

Juho on kertonut joutuneensa myös ryöstetyksi kadulla Viipurissa pimeän aikaan. Ryöstäjät olivat yrittäneet repiä Juholta vaatteetkin päältä, mutta nuoresta asti nahkojen parissa työskennellyt torpparin poika oli sen verran vahva, että onnistui rimpuilemaan itsensä vapaaksi ja pakenemaan.

Viipurissa Juholle on lisätty rippikirjaan sana "Kelpaamaton". Yleensä tämä merkintä tarkoitti, että kyseinen henkilö oli suorittanut asevelvollisuutensa reservikomppaniassa, eikä tarkk'ampujapataljoonassa. Juhon mahdollisesta asepalvelusta ei ole tietoa.

Tammisaari

Kirkonkirjojen mukaan "nahkurioppilas Juho Maurits Suominen" muutti Viipurista Tammisaareen 1. huhtikuuta 1896. Hänet on merkitty Tammisaarenkin rippikirjaan ensin nahkurimestari-tehtailija Anton Gabriel Gardbergin oppipojaksi, mutta merkintä on myöhemmin muutettu kisälliksi.

Helsingissä syntynyt ja isänsä mukana Tammisaareen muuttanut Gardberg oli ainakin kolmannen polven nahkuri. Hänen yli 100-vuotias nahkatehtaansa sijaitsi Kalatorin laidassa.

Juho keräsi Tammisaaressa neljä vuotta työkokemusta. Pertti Suomisen tietojen mukaan Juho toimi Tammisaaressa työnjohtajanakin. Ehkä hän on kisällinä toiminut oppipoikien päällysmiehenä.

Vaikka Juhon kerrotaan olleen myöhemmin harras kristitty, näin ei välttämättä ollut nuorempana, sillä hän kävi neljän Tammisaaressa vietetyn vuoden aikana ehtoollisella vain kerran. Viipurissa hän ei ollut käynyt ehtoollisella kertaakaan.

Oulujoki

Juho lähti 29.5.1900 Tammisaaresta Oulujoelle, eli Oulun maaseurakuntaan. Oulujoen kirjoihin Juho on merkitty 6.6.1900.

Juho ei ehtinyt olla Oulussa kuin korkeintaan kuukauden, kun hänelle kantautui jollain tapaa Toholammilta tieto, että sikäläinen kauppiaan leski Amalia Klemola etsi vuokralaista nahkatehtaalleen.

(K.-S. 2 k. 4 s. — r.)

Nahkurit Hoi!

Allekirjoittaneen omistama nahkatehdas työkaluineen, sijaitseva Kerttulan maalla, 23 kilometriä Kannuksen asemalta, hyvällä liikepaikalla, annetaan arennille pitemmäksi eli lyhemmäksi aikaa, sopimuksen mukaan. Tarjoukset ovat tehtävät ennen ensi Heinäkuun loppua allekirjoitetulle.
Toholampi, Kesäkuun 27 p. 1900.

Amalia Klemola,
Kaupp. leski Toholammilla.

Kokkola 30.6.1900.

Nahkurien tietotoimisto

Vaikuttaa siltä, että suomalaiset nahkurit olivat hyvin verkostoituneita jo vuosisadan vaihteessa, jolloin tiedonkulku oli hitaiden kirjeiden ja pienilevikkisten sanomalehtien varassa. Muuten on hyvin vaikeaa selittää sitä, miten Juholle kantautui elämänsä aikana useita kertoja tieto vapaasta työpaikasta, nahkaverstaasta, ehkä jopa vaimoehdokkaasta satojen kilometrien päästä.

Amalia Klemola ilmoitti jo heinäkuussa Kokkola-lehdessä löytäneensä vuokralaisen, joka "ottaa heti vastaan nahkoja valmistettavaksi". Oman nahkatehtaan vuokraaminen tarjosi Juholle mahdollisuuden yletä nahkurinsällistä itsenäiseksi elinkeinonharjoittajaksi.

Huomatkaa!

Täten saan ilmolitaa, että olen vuokrannut nahkatehtaani nahkuri J. M. Suomiselle, joka ottaa heti vastaan nahkoja valmistettavaksi. — Työ tehdään — ilmoituksensa mukaan — hyvää, kohtuullisesta maksusa. Turkki- ja veltinahkoja myös valmistetaan. Toholamps, Heinäk, 9 p. 1900.

Amalia Klemola,
Kaupp. leski Toholammilla.

Kokkola 11.7.1900.

19

Vaimo Turusta

28-vuotiaalla Juholla saattoi olla oman nahkaverstaan lisäksi mielessä myös perheen perustaminen, sillä Oulusta oli lähtenyt 4.7. esteettömyystodistus Turkuun Ida Alexandra Myllärin kanssa avioitumista varten.

On arvoitus, miten Oulujoella asunut Juho ja Turussa asunut Ida saivat ylipäätään tietää toisistaan. Ehkä Idan kanssa samassa talossa Turun torin kulmalla asunut nahkuri Karl Nieminen tunsi nuoremman kollegansa ja toimi puhemiehenä. Nieminen oli toiminut nahkurina Turussa jo 1890-luvun alussa, jolloin Juho oli mahdollisesti kaupungissa nahkurin opissa, mutta mitään todisteita miesten tapaamisesta tai yhteydenpidosta ei ole.

Turkulainen Uusi Aura kertoi 24.7.1900 Juhon ja Idan kahta päivää aiemmin Turussa annetusta avioliittokuulutuksesta. Toholammin kirkkoherra vihki Juhon ja Idan Turussa 6.9.1900, vaikka rippikirjan mukaan Ida lähti Turusta Toholammille jo edellisenä päivänä.

Juhon ja Idan hääkuva.
(Kirjoittajan kokoelmat, kuvaaja tuntematon)

Juho oli merkitty lähteneeksi Oulujoelta syyskuun ensimmäisenä päivänä, vaikka oli edellä mainitun lehti-ilmoituksen perusteella toiminut Toholammilla jo heinäkuussa. Ehkä Juho oli lykännyt muuttoilmoitusta odotettavissa olevan vihkimisen yli.

Myöhempiin rippikirjoihin Juhon ja Idan vihkipäiväksi on jostain syystä merkitty 6.7.1900. Väärä päivämäärä saattaa johtua papin virheestä Toholammilta muuton jälkeen. Jostain syystä Juho on kirjannut poikkeavan vihkipäivän myös perheen Raamattuun.

Ida Aleksandra

Ida Aleksandra syntyi Paimion Meltolassa 28.7.1877. Hänen isänsä Johan Henrikinpoika (1836–1906) oli Ylimyllärin torppari, eli hän hoiti ehkä torpan lisäksi myös myllyä. Perheraamattuun Idan tyttönimeksi on kirjoitettu Yli-Mylläri, mutta jo vuosien 1882–1891 rippikirjassa kotitorpan nimi oli lyhentynyt Mylläriksi.

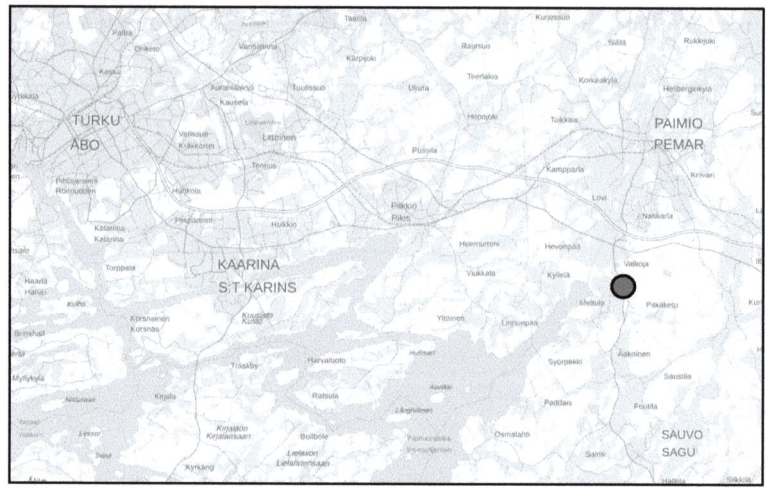

Idan kotitorpan likimääräinen sijainti.

Gustava-äiti, rusthollarin tytär

Idan vanhemmat vihittiin 13.9.1874 Piikkiössä, jossa Idan äiti Gustava (1840–1911) oli piikana. Vaikka Gustava elätti itsensä tuolloin piikana, hän oli lähtöisin paremmista piireistä kuin miehensä, sillä hän oli syntyjään rusthollarin tytär Paimion Laaroisten Alitalosta.

Kun Gustavan isoisä Johan Johaninpoika (1786–1833) kuoli, rusthollin peri ehkä hetkeksi hänen poikansa Johan Henrik (1814–?). Rustholli jäi kuitenkin ilman isäntää viimeistään vuonna 1836, kun Johan Henrik lähti Paimiosta, ehkä Riikaan. Talolle saatiin uusi isäntä, kun naapurirustholli Ylitalon kasvattipoika Kustaa

Matinpoika (1808–1865) nai 15.10.1836 Johan Henrikin siskon Fredrika Gustavan (1816–1868) ja sai näin rusthollin omakseen. Fredrika Gustava oli ehtinyt ennen avioitumistaan työskentelemään hetken pappilan piikana, mutta palasi varmasti mielellään emännäksi lapsuudenkotiinsa.

Kustaa ja Fredrika saivat ainakin seitsemän lasta, joista Idan äiti Gustava oli toiseksi vanhin.

Sisarukset

Idalla oli 3.4.1876 syntynyt vanhempi veli Juha Viktor sekä kaksi nuorempaa siskoa, 22.11.1879 syntynyt ja 8.12.1883 kuollut Amanda Vilhelmiina sekä 23.9.1882 syntynyt Maria Gustava. Idan molemmat aikuisiksi eläneet sisarukset ottivat myöhemmin sukunimekseen Laine.

Ida muutti 5.11.1895 kauppias Alfred Erikssonin piiaksi Kaarinan Hulkkion kylässä sijainneeseen Sipilään. Kauppiaan piikana opituista tavoista oli varmasti etua, kun Ida pääsi kaksi vuotta myöhemmin palvelijattareksi Turkuun. Ida asui Turussa 12.11.1897–18.8.1900 Kauppatorin kulmalla nykyisessä Hansakorttelissa.

Idan asuintalo Turussa Kauppatorin kulmalla.
(kuva: finna.fi, Valokuvaamo Pietisen kokoelma)

Toholampi

Nahkatehtaan sijainti Toholammilla.

Kun Juho lähti Oulujoelta, hänen "elatuskeinokseen" oli kirjattu vielä "nahkurin sälli". Toholammilla hänestä tuli vihdoin nahkuri, vaikka tehdas olikin vain vuokrattuna. Aivan omin päin Juhon ei tarvinnut ottaa Toholammin tehdasta hallintaansa, sillä lokakuussa Kokkola-lehdessä julkaistun artikkelin mukaan tehtaalla työskenteli vielä "seuraavaan kekriin asti" myös 16 vuotta Klemolan suvulle työskennellyt vanha nahkuri.

Nahkoja valmistettavaksi ottaa koh-
tuhinnasta Kerttulan karva-
rilla Toholammilla   J. M. Suominen.
Huom.! Pulttinahkaa on myös myytävänä.

Kokkola 26.9.1900.

Juhon virkatodistuksen mukaan Suomiset saapuivat Toholammille 26. syyskuuta. Juho ja Ida asettuivat henkikirjankin mukaan Kerttulan talon maille. Kerttula oli tuolloin jakautunut kolmelle omistajalle: nahkaverstaan omistaja Amalia Klemola ja Juho Eliaksenpoika omistivat kumpikin vajaan kolmanneksen. Juho Sakarinpoika omisti reilun kolmanneksen. Nahkaverstas lienee sijainnut Klemolan mailla, mutta Juhon asumus sijaitsi henkikirjan perusteella Juho Sakarinpojan mailla.

Esikoinen Lauri Valdemar syntyi Toholammilla 21.6.1901. Lauri ei ehtinyt oppia tuntemaan syntymäpitäjäänsä, sillä hänen syntymästään ei ollut kulunut kolmeakaan kuukautta, kun Juho laittoi Kokkola-lehteen ilmoituksen, jonka mukaan hän teki jo lähtöä muualle. Virkatodistuksen mukaan Suomiset lähtivät Toholammilta 17.10.1901.

Ne joilla on nahkoja valmistettavana allekirjoittaneen luonna tulkoot lunastamaan niitä tämän kuun kuluessa syystä että tulen poismuuttamaan. Toholammilla 12 p. syysk. 1901

J. M. Suominen,
nahkuri.

Kokkola 17.9.1901.

Harjavalta

Toholammin jälkeen Juho vietti vajaan vuoden (30.10.1901–12.10.1902) Harjavallassa. Juhon tietoon taisi tulla 3.9.1901 Satakuntalehdessä ollut ilmoitus, jossa J. Willman tarjosi ostettavaksi tai vuokrattavaksi "nahkurin paikkaa" Harjavallassa. Willmanilla oli ollut paikallisissa lehdissä toistuvia myynti- tai vuokrailmoituksia nahkaverstaasta jo 1800-luvun puolella.

U. A. Aamul. R. L. 1 f. 4 |. 6 r.

Herrat nahkurit läykää

ostamaan taikka vuokraamaan hywä nahkurin
paikka hywiuä ehdoilla Harjawallan puäjäsjä.
6209,1   J. Wiuman.

Satakunta 3.9.1901.

Juho asui Harjavallassa Alaporrin talon mailla. Henkikirjan mukaan Juho ei maksanut lainkaan veroja tai henkirahaa, mutta tämän täytyy olla kirjurin virhe.

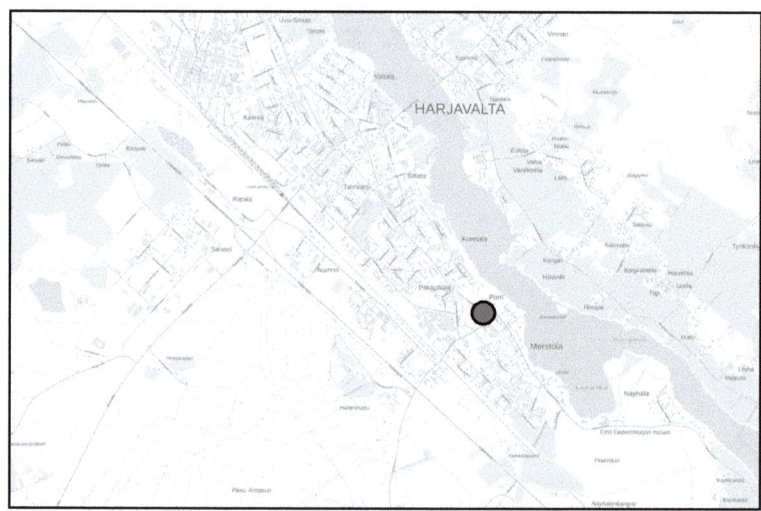

Nahkatehtaan likimääräinen sijainti Harjavallassa.

Virallisesti perhe muutti pitäjään vasta 30.10.1901, mutta loka-
kuussa julkaistun ilmoituksen perusteella Juho pyöritti jo tuolloin
nahkaverstasta Harjavallan Merstolan kylässä.

Nahkoja otetaan walmistettawalsi
ja tehdään työ taatusti
hywää sekä kohtuushin=
nasta entisesä Willmanin talosa Harjawallan
Merstolasa Nahkuri Maurits Suomisella.
Huom.! Parkkeja ostetaan myös.

Satakunta 22.10.1901.

Juho käytti lokakuun lehti-ilmoituksessa poikkeuksellisesti toista
etunimeään Maurits. Ehkä tämä johtuu siitä, että lähiseuduilla toimi
noihin aikoihin nahkurina toinenkin Juho Suominen.

On mielenkiintoista, että Harjavallasta lähtien rippikirjoihin on
merkitty Juhon ja Idan vihkipäiväksi suvun Raamattuunkin kirjoi-
tettu 6.7.1900. Ilmeisesti Juho on saanut paikallisen papinkin va-
kuuttuneeksi, että tuo oli Suomisten todellinen vihkipäivä.

Harjawallan Merstolan
nahkurilla olewat nahat owat wiimeistään
syystuun kuluesa lunastettawat liikkeen lopet=
tamisen takia.
5946,1   J. M. Suominen.

Satakunta 16.9.1902.

Syyskuussa 1902 Satakunta-lehdessä julkaistun ilmoituksen mukaan
Juho teki jälleen muuttoa. Suomiset lähtivät Harjavallasta
12.10.1902. J. Willmanin nahkurinverstas oli 30.10.1902 jälleen Sa-
takunta-lehdessä tarjolla ostettavaksi tai vuokralle.

Kälviä

Seuraava nahkatehdas löytyi jälleen Keski-Pohjanmaalta. Juho ja perhe on kirjattu saapuneiksi Kälviälle 28.10.1902, mutta Juho ilmoitteli jo lokakuun alussa lehdissä ottavansa nahkoja valmistettavakseen. Myöhemmin Juho mainosti myös valmista pieksu- ja pulttinahkaa sekä ilmoitti ostavansa parkkia.

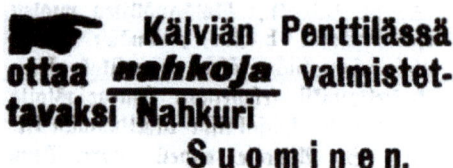

Kokkola 7.10.1902. Huomaa hieno "graafinen elementti".

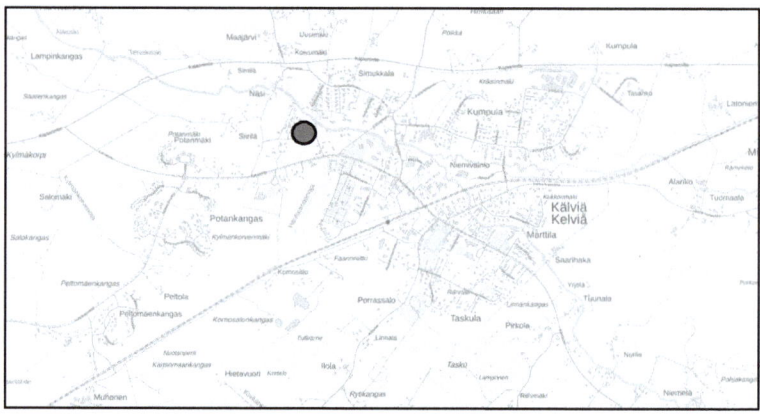

Nahkatehtaan likimääräinen sijainti Kälviällä.

Henkikirjan mukaan Juho asui Kälviällä Penttilässä. Vuonna 1903 Penttilä oli jakautunut kymmenen eri henkilön omistukseen. Henkikirjassa hänet on merkitty näistä kymmenestä Gustaf Kaarlenpoika Wähälän vuokralaiseksi. Seuraavasta vuodesta lähtien hänet on kuitenkin merkitty yli 80-vuotiaan Juho Matinpojan vuokralaiseksi.

Juhon ja Idan toinen poika Paavo Henrik syntyi rippikirjan mukaan Kälviällä 27.9.1903. Viimeistään vuonna 1912 hänen syntymäpäiväkseen on kuitenkin kirjattu 27.7.1903.

Liiketoimet taisivat sujua Kälviällä paremmin kuin Harjavallassa, koska Juho etsi itselleen syyskuussa 1904 apupoikaa kahdessa peräkkäisessä Kokkola-lehdessä.

Palvelukseen halutaan.

Nahkurin oppiin otetaan nuorukainen, mieluimmin sellainen, joka on ennen vähän harjaantunut ammatissa. Nahkuri Suominen, Kälviän Penttilässä.

Kokkola 10.9.1904.

Joulukuussa 1904 Juho etsi lehti-ilmoituksella myös palvelustyttöä auttamaan kolmatta lastaan odottavaa Idaa kasvavan talouden hoitamisessa. Martta Maria syntyi 16.3.1905. Martta kärsi nuoresta asti sydänvaivoista ja oli ensimmäisenä tyttärenä isänsä silmäterä.

Palvelukseen halutaan.

15—16 vuotias palvelustyttö otetaan palvelukseen nahkuri J. M. Suomiselle Kälviän Penttilässä.

Kokkola 21.12.1904.

Vuoden 1906 henkikirjaan Juholle on merkitty piika Maria Myllykangas, joten piika on aloittanut työt luultavasti loppuvuodesta 1905. Sama Maria on rippikirjankin mukaan ollut piikana "Suomisella".

Juho haki itselleen sälliä heinäkuussa 1905 ja uudelleen kesäkuussa 1906, vaikka tarjosi jo samaan aikaan Kokkola-lehdessä liikettä ostettavaksi tai vuokralle. Ehkä Juho yritti saada verstaalle hoitajan siihen asti, että sille löytyy ostaja.

Nahkurit huomatkaa!

Poismuuton takia myydään tai vuokrataan hyvällä liikepaikalla Kälviän kirkonkylässä rautat. varrella oleva nahkuritalo, liike nykyään täydessä käynnissä, jos kauppa tehdään t. k. ajalla. Osoite: J. M. Suominen, Kälviä.

Uusi Suometar 2.6.1906.

Syyskuussa 1906 Juho teki jälleen muuttoa vaikka Ida oli jälleen pitkällä raskaana. Lokakuussa Juho huutokauppasi huoneen ja taloustavarat. Suomiset lähtivät jälleen etelään, Uudenmaan Nummelle.

Ilmoitus.

Niitä joilla on nahkoja valmistettavana Kälviän Penttilän nahkurilla, kehoitetaan ne uloshakemaan tämän kuun kuluessa.

J. M. Suominen.

Huutokaupalla,

joka pidetään t. k. 16 p:nä k:lo 10 e. pp., myydään huutokaupalla huone ynnä talouskaluja Kälviän Penttilässä J. M. Suomisella.

Kokkola 15.9.1906 ja 10.10.1906.

Nummi

Juho on kirjattu saapuneeksi Nummelle 15.12.1906. Siellä hän otti hoitaakseen Hyrsylän kylässä sijainneen nahkaverstaan ja -liikkeen, jotka sijaitsivat Lonkalan ratsutilan mailla.

Juhoa ennen Hyrsylän nahkurina Nummenjoen rannassa oli toiminut kaksi sukupolvea Blomqvisteja. Johan Gustaf Blomqvist oli muuttanut vaimonsa Margarethan kanssa Nummelle Turusta jo vuonna 1837. Hänen Nummella syntynyt nuorempi poikansa Karl Axel jatkoi nahkaverstaan toimintaa isänsä jälkeen ainakin vuoteen 1895 ja asui henkikirjojen mukaan nahkaverstaan tontilla vielä vuonna 1908.

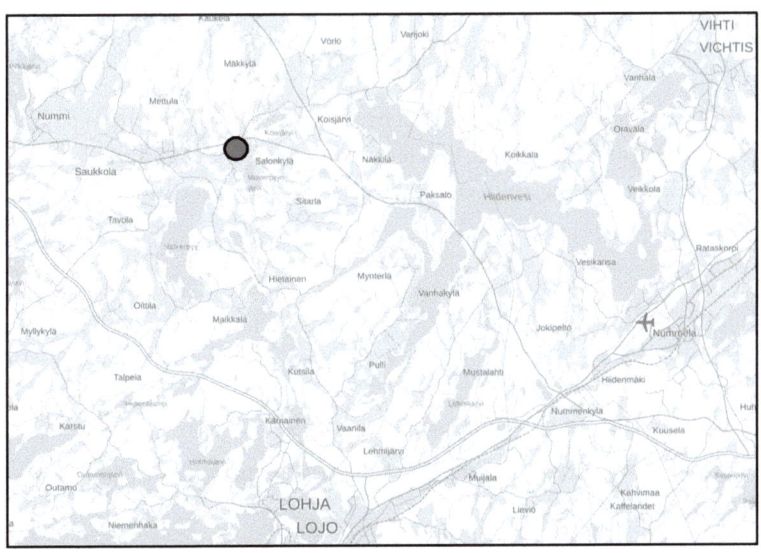

Hyrsylän nahkaverstaan sijainti.

Väinö Johannes syntyi Nummella 4.1.1907. Juho oli selvästi päässyt Nummella "piireihin", sillä Väinön kummeina toimivat naapurikylä Remalan maakauppias Erland Höglund ja hänen vaimonsa Olga.

Nummella toimi samaan aikaan Juhon lisäksi ainakin kolme nahku-ria, mutta melko kaukana Juhosta ja toisistaan: Sahlberg kirkolla, Grönroos Millolassa ja Mansner Sierlassa. Juholle näyttää kilpailusta huolimatta riittäneen asiakkaita, sillä hän haki jo vuonna 1907 itsel-leen sälliä.

Palvelukseen halutaan.

Nahkurinsälli

eli työntekiä saa verstastyötä nah-kuri

J. M. Suomisella.

Nummi, U. l.

Uusimaa 30.8.1907.

Juholla näyttää olleen Nummella myös koira, jonka pakomatka ulot-tui naapuripitäjä Vihtiin asti. Tiedossa ei ole, saiko Juho ikinä tietoa koiran löytymisestä, sillä on epätodennäköistä, että Juho luki Työ-mies-lehteä.

Kiinniotettu pystykorva. väriltään rus-kea lappalaisrotuinen koira kaula-nauhassa nahkainen lippu nimellä J. M. Suominen Nummen Nahkuri. Omistaja periköön kulunkit suoritettuaan 8 päi-vän ajalla tästä lukien muuten menet-telen kuin omani kanssa. Vihti, Haapa-kylä. J. Sandberg, työmies.

Työmies 14.12.1907.

Erkki Mikael syntyi Nummella 9. toukokuuta 1909. Viisi kuukautta tämän jälkeen Juho etsi jälleen lisätyövoimaa verstaalle. Nyt Juho olisi tyytynyt vähäiseenkin kokemukseen nahkurin työstä.

Työtä faatawisia.

Sosialisti 14.10.1909.

Rosmo jää kiinni

Uusimaa-lehdessä 3.5.1911 julkaistussa pitkässä artikkelissa kerrotaan, kuinka Juho oli auttanut saamaan kiinni irtolaismies August Sneckin, joka oli osallistunut Pusulan ja Nummen pitäjissä tehtyyn murtojen ja varkauksien sarjaan.

Sneck oli varastanut 10.8.1910 parkitsemattoman lehmän vuodan vihtiläisestä Vanjärven kartanosta, ja yrittänyt myydä sitä Juholle. Juho huomasi, että mies oli hermostunut ja kysyi hänen nimeään. Sneck valehteli olevansa Vuorelan poika Retlahdesta, mutta Juhopa sattuikin tuntemaan Vuorelan pojan. Näin Sneck saatiin kiinni, ja myöhemmin selvisi hänen osallisuutensa useisiin muihinkin rikoksiin.

Pertti Suominen muistaa kuulleensa toisesta rikoksesta, jossa Juho oli uhrina. Juhon liikkeeseen oli kertomuksen mukaan murtauduttu eräänä yönä ja Juho kutsui paikalle poliisin. Lauri, joka oli vielä lapsena vilkas ja puhelias, oli kuunnellut huolella isänsä keskustelun poliisin kanssa ja kysynyt heti seuraavalta hieman nukkavierulta asiakkaalta, onko hänkin "sellainen rosmo". Kyseessä on saattanut toki myös olla tuo Sneckin tapaus, joka on muuttunut hieman vuosien varrella.

Elokuussa 1911 Juho huutokauppasi jälleen irtaimistoaan ja teki lähtöä Etelä-Pohjanmaalle, vaikka Ida oli viimeisillään raskaana.

Huutokauppa.

Maanantaina t. k. 21 p:nä klo 10 a.p. myydään Hyrskylän nahkurilla poismuuton tähden irtainta omaisuutta kuten: 2 lehmää, sika, kanoja, kasvavaa perunaa, huone- ja talouskaluja kuten piironki, sänkyjä, pöytiä, tuolia, ompelukone, polkupyörä y. m. — Huudot maksetaan heti. — Nummi 1911. (Uusim.)   J. M. Suominen.

Uusmaalainen 11.8.1911.

Hyrsylän nahkaverstaan rakennukset purettiin Hyrsylästä laaditun historiikin mukaan vuonna 1956.

Vaasa

Vaellettuaan edestakaisin etelän ja pohjoisen väliä lähinnä maaseudulla, Juho päätti kokeilla menestystä suuressa kaupungissa. Pohjalainen-lehti uutisoi 4.9.1911, että Juho aikoi avata kenkä- ja nahkakaupan Vaasaan.

> **— Elinkeinoilmoi uksia.** Liikemies J M. Suominen ilmoitti tänään maistraatille aikovansa avata kaupungissamme kenkä· ja nahkakaupan.

Uutinen Pohjalainen-lehdessä 4.9.1911.

Viimeisillään raskaana pitkän matkan Nummelta tehnyt Ida synnytti Matti Sakariaan heti ilmoitusta seuraavana päivänä, 5.9.1911.

Juho mainosti uuden nahka- ja kenkäkauppansa avautumista sekä suomen- että ruotsinkielisissä lehdissä. Vasabladetissa ilmoitus oli jo Matin syntymäpäivänä, Wasa-posten- ja Vapaa sana -lehdissä seuraavana päivänä. Ilmoittelu jatkui tämän jälkeenkin ja laajeni myös muihin maakunnan lehtiin.

Avattu
J. M. Suomisen
Nahka- ja Kenkäkauppa
torin laidassa Jacob Finnilän talossa Vaasassa. Suosittelee arv. yleisölle tavaroitaan kuten nahkaa, jalkineita, suutarintarpeita y. m. 147

Vapaa sana 6.9.1911.

Juho on kirjattu vuoden 1912 henkikirjaan kauppiaaksi. Juhon liike on sijainnut leskirouva Finnilän talossa Vaasanpuistikko 13:ssa, jossa perhe henkikirjan mukaan myös asui. Asunto oli Vaasan torin kulmalla, vastapäätä kauppahallia, joten Turussa nuorena asunut Ida pääsi kokemaan jälleen kaupunkielämän etuja.

Toiminta pelkkänä nahka- ja kenkäkauppiaana suuressa kaupungissa ei ilmeisesti lyönyt leiville, sillä Juho päätti lopettaa kauppansa jo puoli vuotta myöhemmin.

— **Lakkaava liike.** Kauppias J. M. Suominen ilmoitti tänää'n maistraatille lakkauttavansa täällä jonkun aikaa harjoittamansa kenkä- ja nahkatavarain kauppaliikkeen.

Uutinen Pohjalainen-lehdessä 4.3.1912.

Vaasa-lehdessä huhtikuussa julkaistun ilmoituksen perusteella Juho muutti liikkeensä lakkauttamisen jälkeen kaupungin ulkopuolelle Vetokannakselle ja alkoi etsiä palstatilaa, jossa voisi harjoittaa jälleen myös nahkanvalmistusta.

U. A. 3 p. 1 k.
Nahkurinliikkeelle sopiva liikepaikalla veden rannalla sijaitseva palstatila rakennuksineen halutaan ostaa.
J .M. Suominen.
2175   Vaasa, Vetokannas.

Vaasa 18.4.1912.

Ilmajoki

Palstatila löytyi Ilmajoelta, ja Juho muutti Ilmajoen Palonkylään 11.6.1912. Hän huutokauppasi heti Ilmajoelle saavuttuaan ulkokartanon ilmeisesti tarpeettomana.

> Samassa huutokaupassa myydään myöskin **nahkuri Juho Suomiselle kuuluva koko ent. Rintakahman talon ulkokartano.** Maksu- y. m. ehdoista ilmoitetaan ennen huutokaupan alottamista.
> Ilmajoki ¹⁶/₆ 1912.
> **Fredrik Michelsén,**
> 3610   toimitusmies.

Osa Vaasa-lehdessä 18.6.1912 julkaistusta kuulutuksesta.

Rippikirjassa Juho on kirjattu Rinta-Kahman palstatilalliseksi, mutta elinkeinoksi on merkitty nahkuri. Henkikirjassa tiluksen nimi on kirjoitettu muotoon Rintakahma, ja Juhon elinkeinoksi on kirjattu yksiselitteisesti nahkuri.

Juholla oli kaikilla aikaisemmilla paikkakunnilla nahkurina toimiessaan ollut tapana ilmoitella lehdissä ainakin toimintaa aloittaessaan ja lopettaessaan, mutta Ilmajoen ajalta en ole löytänyt ainuttakaan ilmoitusta. Voi olla, että Juho oli joutunut Vaasan nahkaliikkeen myynnin jälkeen palaamaan taas jonkun muun palvelukseen.

Palonkylässä toimi noihin aikoihin nahkuri Iisakki Talvitie, joka katosi lehtitietojen mukaan paikkakunnalta helmikuussa 1913. Hänen epäiltiin paenneen ”selvittämättömiä asioita” Amerikkaan väärennetyllä passilla. Ehkä Talvitie oli höynäyttänyt Juhoakin, sillä hän joutui jo joulukuussa 1912 kauppaamaan omaisuuttaan.

> **Myytävänä huoneita Ilmajoen Palonkylässä sekä kauppatavaraa alennettuun hintaan.**
> 7171   **J. M. Suominen.**

Vaasa 21.12.1912.

37

Kristiinankaupunki

Juho ilmoitti 31.3.1913 Kristiinankaupungin maistraatille alkavansa harjoittaa kaupungissa nahkurinliikettä sekä nahka- ja jalkinekauppaa. Juho kirjattiin seuraavana päivänä Kristiinankaupungin seurakuntaan. Maistraatille antamassaan ilmoituksessa hän käytti vielä etunimiä Juho Maurits, mutta alkoi Kristiinankaupungissa käyttää etunimien sijaan pelkkiä alkukirjaimia J. M. Seurakunnan kirjoihin hänet on kirjattu nimellä Juho Mauri.

— **Elinkeinot.** Nahkuri Juho Maurits Suominen Ilmajoelta ilmoitti eilen maistraatille alkavansa harjoittaa täällä nahkurinliikettä sekä nahka- ja jalkinekauppaa.

Uutinen Suupohjan Kaiussa 1.4.1913.

Taantunut pikkukaupunki

Kristiinankaupunki oli edellisellä vuosisadalla ollut yksi Suomen tärkeimmistä satama- ja kauppakaupungeista, mutta 1910-luvulle tultaessa parhaista vuosista oli vierähtänyt jo puoli vuosisataa. Kaupungin huomattavin kauppias Alfred Carlström oli jäänyt koko kaupungin taloutta ravistelleen petoksen uhriksi vuonna 1910 ja päätynyt riistämään oman henkensä. Merkittävistä laivanvarustajista jäljellä olivat enää Gustav Hydén, Erik Tötterman ja kapteeni Gerhard Snellman. Moni talo oli menettänyt isäntänsä ja päätynyt lesken omistukseen.

Christer Norrvik kertoo Hydénin, Töttermanin ja Snellmanin johtamasta höyrylaivavarustamo Ab Navigatorista kirjassaan Purjeiden kaupunki. Varustamo piti noihin aikoihin yksin yllä Kristiinankaupungin merenkulkuperinnettä, oli velaton ja teki hyvää tulosta. Osakkaiden enemmistö hyväksyi kuitenkin lokakuussa 1912 päätöksen siirtää varustamon toiminta Helsinkiin.

Suupohjan Kaiun mukaan kaupungissa oli silti myös optimismia, sillä kaupunkiin oli viimein saatu rautatie, ja satamaan oli valmistumassa ajan mukainen kivilaituri.

Hankala alku

Juhon ja perheen ensimmäinen asunto Kristiinankaupungissa oli Itäinen pitkäkatu 47:ssä, vanhassa kauppiaantalossa, joka tunnetaan nykyään Kraepelinin talona. Talon omisti tuolloin merimies Anders Lager.

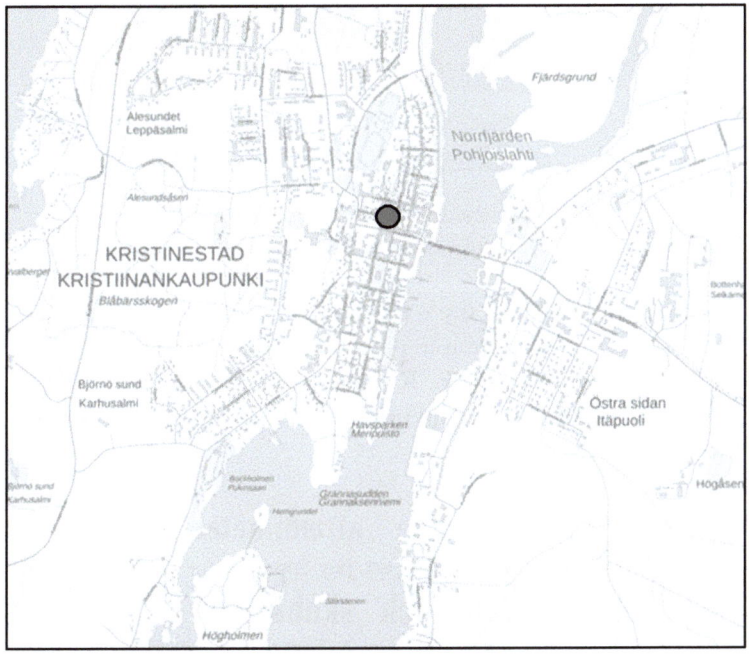

Juhon ensimmäisen asunnon ja nahkaliikkeen sijainti.

Henkikirjan mukaan vuonna 1913 Itäinen pitkäkatu 47:ssä asuivat talon omistajan ja Suomisten lisäksi kelloseppä Peltonen, puuseppä Keränen perheineen sekä työmiehet Karra ja Ågren. Toisella puolella Itäistä pitkäkatua asui kauppias Frans Henriksson.

39

Vierusnaapureina olivat pohjoispuolella rehtori Uuno Seppä ja hänen vuokralaisensa kauppias Slotte. Eteläpuolella naapureina olivat kauppiaan leski Brandt sekä hänen vuokralaisensa, kauppiaat Palin ja Brandt. Samassa korttelissa asui myös Wendelin-suvun viimeinen kristiinalainen raatimies Otto Wendelin nuorempi.

Kraepelinin talo vuonna 2023.
(Kuvaaja Petri Suominen)

Juho piti samassa talossa myös nahka- ja kenkäliikettään. Talossa oli muutamaa vuotta aikaisemmin pitänyt nahkakauppaansa Juhon ikätoveri Karl Konstantin Aho. K. K. Aho oli kotoisin Uudestakaupungista, mutta toiminut nahkurina Kristiinankaupungissa jo vuodesta 1905.

Den ärade allmänheten

tillkännagives, att jag öppnat en

läder- och skohandel
samt garveriaffär,

och mottager jag alla till yrket hörande arbeten samt uppköper råa hudar och skinn.

J. M. Suominen.
Östra långgatan 47, Kristinestad.

Syd-Österbotten 12.4.1913.

Juho ilmoitteli jo vuonna 1913 Syd-Österbotten- ja Vaasa-lehdissä ostavansa vuotia ja nahkoja sekä myyvänsä valmista nahkaa, joten Juho myös valmisti nahkoja itse, ehkä vuokralaisena jollain isäntänsä menettäneellä nahkaverstaalla.

Raakoja vuotia ja nahkoja ostaa sekä
myy valmista nahkaa,   4189
nahkuri J. M. Suominen, Kristiinassa.

Vaasa 15.7.1913.

Ensimmäinen Kristiinankaupungissa syntynyt lapsi, Antti Abraham, näki päivänvalon 30.11.1913. Juho siirsi samoihin aikoihin liikkeensä osoitteeseen Rantakatu 42.

Min ärade kundkrets

får jag härmed underrätta, att jag flyttat min läder- och skohandel till f. d. Holms gård vid Strandgatan. Köper även fortsättningsvis råa hudar och skinn till högsta priser.

Garvare J. M. Suominen.

Telefon 79.

Syd-Österbotten 3.12.1913.

Tämän vuonna 1770 rakennetun komean kaksikerroksisen talon oli omistanut aikoinaan kauppias Fremdeling ja myöhemmin hänen leskensä Elise. Talo oli kuitenkin päätynyt kauhajokisen talonpoika Matti Käyräkosken omistukseen. Juho hankki nyt ensimmäistä kertaa liikkeeseensä puhelimen.

Nahkaliikkeen eteläpuolella sijainneen niin ikään kaksikerroksisen ja komean rakennuksen omisti kauppiaan leski Matilda Sundström. Talossa toimi tuolloin Kristiinankaupungin posti. Ttalo tuhoutui tulipalossa vuonna 1981.

Ensimmäinen maailmansota

Saksa julisti 1.8.1914 sodan Venäjälle, johon Suomikin edelleen kuului. Sotaa käytiin kaukana Suomesta, ja harva suomalainen joutui rintamalle, mutta ajat olivat silti vaikeita. Maa ajautui sodan aikana jopa nälänhätään.

Ensimmäisen maailmansodan puhkeaminen lamautti ensin merenkulun täysin. Tämä oli kova isku Kristiinankaupungille, jonka tuloista suuri osa tuli satamasta. Juhonkin liiketoimet sakkasivat ja hän päätyi vuonna 1914 Kauppalehden protestilistalle reilun tuhannen markan velasta. (Nykyrahassa noin 5 000 euroa.)

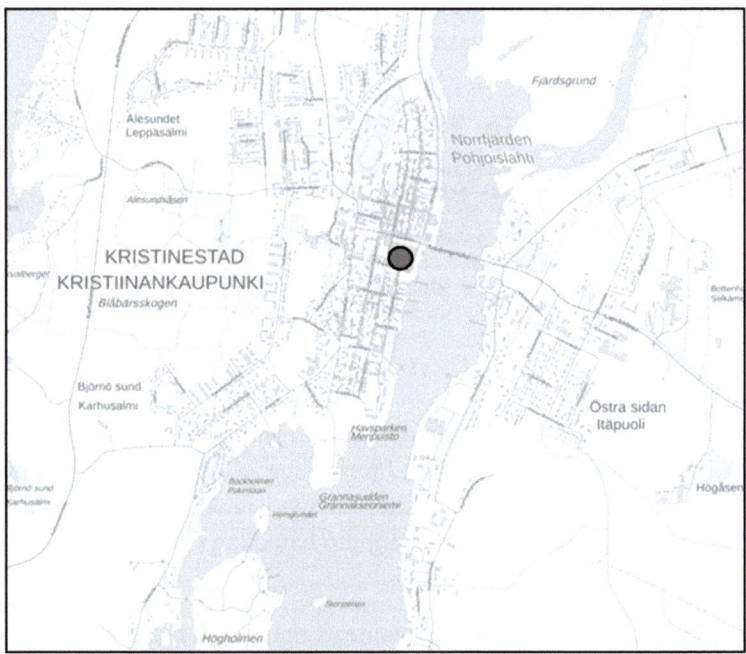

Juhon asunnon ja nahkaliikkeen sijainti vuosina 1915–1916.

Suomiset asuivat vuodet 1915 ja 1916 kauppiaan leski Leantine Holmuddin vuokralaisina vastapäätä Juhon nahkaliikettä sijainneessa talossa. Holmudd asui itse luultavasti toisessa kiinteistöön kuuluneessa rakennuksessa. Yli 70-vuotiaan Holmuddin vuokralaisena oli myös hänen sisarensa, kansakoulun opettajatar Vera Holmudd. Talossa toimii nykyään Lebellin kauppiaantalomuseo.

Vasemmalla Rantakatu 42, jossa Juholla oli liike vuosina 1913–1914.
Juhon perhe asui luultavasti kadun oikealla puolella sijaitsevassa tummanpunaisessa rakennuksessa vuosina 1915–1916.
(Kuvaaja Petri Suominen)

Holmuddin tontin ja Kauppatorin välissä oli vain Matilda Bergin omistama kaupunginhotelli, jossa toimi myös Lina Sundmanin kirjakauppa. Toisessa päässä korttelia, kirkon kulmalla asui ja piti liikettään kultaseppä Sandelin.

Huhtikuussa 1915 Juho mainosti nahkaliikkeensä sijaitsevan vastapäätä postikonttoria, eli Juho oli ilmeisesti siirtänyt liikkeensä kadun yli siihen taloon, jossa hänen perheensä asui.

43

Åstundas köpa.

Råa hudar

och

☞ **Yllelumpor**

uppköpes till högsta priser å J. M.
Suominens Läderhandel, mittemot
postkontoret.

Syd-Österbotten 10.4.1915.

Juho yritti helpottaa taloudellista ahdinkoaan laajentamalla liiketoi-
mintaa uusille alueille. Paikallisissa lehdissä julkaistujen ilmoitusten
perusteella hän alkoi ostaa vuoden 1915 alussa lumppua myytäväksi
eteenpäin. Myöhemmin Juho ilmoitti ostavansa myös kuivattuja ka-
tajanmarjoja, romumetalleja ja jopa kalosseja. Kesäkuussa 1915
myytävänä oli suurehko purjevenekin.

☞ **Yllelump och galoscher
samt koppar och mes=
sing jämte tackjärn uppköpes å J.
Suominens Läderhandel i Kristine=
stad. Å samma ställe säljes en
större segelbåt.**

Syd-Österbotten 16.6.1915.

Suomisen perhe kasvoi niukoista ajoista huolimatta, kun seitsemäs
veljes Martti Maurits syntyi 14. lokakuuta 1915.

Rantakadun nahkaverstas

Juhon taloudellinen tilanne oli vuonna 1916 parantunut sen verran, että hän haki Vapaa sana -lehdessä työntekijää.

Nahkurintyöntekijä
saa heti työtä **J. M. Suomisella** Kristiinankaupungissa.

Vapaa sana 29.3.1916.

Muutaman vuoden välein ympäri maaseutua muuttanut Juho kotiutui Kristiinankaupunkiin. Hän osti 9.10.1916 kirvesmies Perjukselta Rantakadun ja Miilukujan kulmasta puolikkaan tontista 174 sekä sillä sijainneen Salménin värjäämön. Värjäri Salmén oli kuollut yli 20 vuotta aikaisemmin, ja hänen vanha kisällinsä Karl Lindblad oli jäänyt taloon asumaan. Juho siirsi myös nahka- ja jalkinekauppansa samaan osoitteeseen Rantakatu 24.

Nahka- ja Jalkinekauppani
olen muuttanut omaan talooni, Rantakatu 24 (ent. wärjäri Sallmenin talo).
J. M. Suominen.

Suupohjan kaiku 10.6.1916.

Tontti rajautui tuolloin Kaupunginlahden pohjoisosaan. Asuinrakennus oli Kristiinankaupungille tyypilliseen tapaan kadun varressa ja sen suuntainen, mutta muut rakennukset, myös nahkaverstas, sijoittuivat niihin nähden poikittain. Tontin ja rannan väliin maankohoamisen synnyttämälle maalle on sittemmin rakennettu Merikatu, mutta tuolloin piha avautui omaan rantaan, jota perheen lapset käyttivät ahkerasti uimiseen ja onkimiseen. Kaupunginlahti oli jo tuolloin madaltunut, mutta jäiden lähdön ja kevättulvien aikaan vesi nousi vielä korkealle.

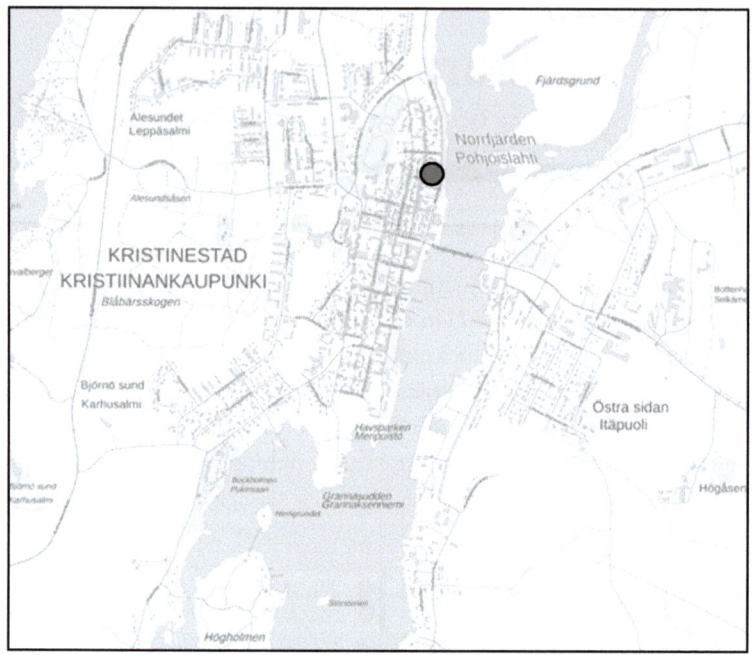

Rantakadun nahkaverstaan sijainti.

Toisella puolella Rantakatua asui poliisikonstaapeli Artur Utter, josta tuli Juhon hyvä ystävä. Tontin 174 toisella puolikkaalla asui ainakin vuoteen 1918 asti toinen poliisikonstaapeli, Georg Engman, joten Juholla oli hyvät suhteet virkavaltaan.

Poliisien lisäksi lähitonteilla asuivat muiden muassa entinen pormestari Aminoff, räätälit Aalto ja Merisalo, yli 70-vuotias leskirouva Ida Uschanoff sekä merikapteenin leski Rosa Rosendahl.

Kristiinankaupungin nahkurit

Kun Juho muutti Kristiinankaupunkiin, kaupungissa toimi vielä useita nahkureita sekä jo edesmenneiden nahkurien kisällejä. Kaupungissa oli jo 1800-luvulla toiminut Suomen suurin parkituslaitos, Marieforsin nahkatehdas, mutta 1900-luvun alussa Evald Karlssonin Tiukantien varteen vuonna 1897 perustama tehdas oli nyt kaupungin suurin.

K. K. Aho

Vuonna 1889 Viipurista Kristiinankaupunkiin muuttanut Evald Karlsson kuoli vuonna 1901. K. K. Aho osti vuonna 1905 T:mi E. Karlssonin konkurssipesältä Tiukantien varressa sijainneen nahkatehtaan. Aho asui ensin itse "kaupungin puolella" talossa 136–137 lähellä sitä taloa, jossa hänellä oli nahkaliike ennen Juhoa. Vuoden 1917 henkikirjan perusteella Aho muutti myöhemmin Itäpuolelle, oletettavasti nahkatehtaan yhteydessä olleeseen asuintaloon.

Suupohjan Kaiku 29.6.1905.

Juho ja Aho ehtivät toimia Kristiinankaupungissa nahkureina yhtä aikaa alle kymmenen vuotta, mutta ikätovereiden välinen kilpailu ehti saada Pertti Suomisen mukaan aikaan hupaisiakin tilanteita. Hän kertoo kirjassaan, miten nahkurit kilpailivat kiivaasti kuivatusta pajunparkista, joka oli noihin aikoihin ylivoimaisesti edullisin ja paras raaka-aine parkkiliuokseen.

Pertti Suomisen mukaan ihmiset toivat kuivattuja pajunparkkinippuja maakunnasta kaupunkiin hevosilla, pyörillä ja kantaen. Niin Lapväärtintietä kuin Tiukantietä pitkin parkkia kaupunkiin tuoneet kuljettajat kulkivat Ahon verstaan läheltä, joten Aho yritti ostaa kaikki parkit, ettei raaka-ainetta pääsisi sillan yli Juhon saataville. Juho alkoi tämän huomattuaan päivystää Tiukantien varresta vuokraamiensa niittyjen reunassa aamuvarhaisesta iltamyöhään, ja osti kaikki Tiukantien suunnasta tulleet parkit. Jos tavaraa tuli enemmän kuin kärrykuormaan kerralla sopi, Juho varastoi ylimääräiset parkit omaan aittaansa tai niityillä oleviin heinälatoihin."

Parkkia

o3taa Kri3tii̇naз̇ja

J. M. Suominen.

Pieksu- ja pohjanahkaa
myytävänä enʃimviikon ajan koh-
tuushintaan.

Nahkuri J. M. Suominen
Kristiina.

Suupohjan Kaiku 16.6. ja 4.8.1917.

J. M. Suomisen mänttinahalla oli hyvä maine myös Kristiinankaupungin ruotsinkielisessä ympäristössä. Joku Juhon pojista on kertonut kuulleensa markkinaväen joukossa keskustelun, jossa suomea murtaen puhunut mies sanoi suomenkieliselle: "Kyllä Suominen teke paljon perempi nahka kuin Aho. Aho teke sellainen kuin pafi."

Suupohjan nahkatehdas

K. K. Aho myi nahkatehtaansa rehtori U. U. Sepän, insinööri K. O. Porkan ja nahkurien Elis Viitasaaren ja Heikki Mäkisen perustamalle Suupohjan nahkatehdas OY:lle vuodenvaihteessa 1919–20. Nahkatehtaan myynnin syynä saattoi olla Ahon terveyden heikkeneminen, sillä hän menehtyi 10.5.1922 pitkään jatkuneen sairauden murtamana. K. K. Ahon kenkäkauppa jatkoi kuitenkin toimintaansa samalla nimellä vielä useita vuosikymmeniä.

Tiluskuvion vuokrasopimukseen tehtyjen kirjausten mukaan vuokraoikeus siirtyi rehtori U. U. Sepälle jo joulukuussa 1919, ja Suupohjan Nahkatehdas Oy:lle maaliskuussa 1922.

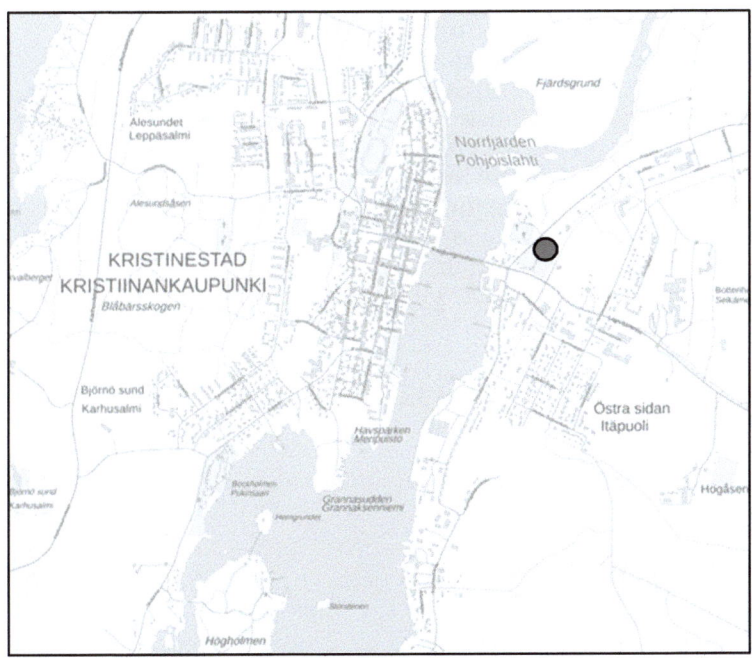

Suupohjan nahkatehtaan sijainti.

Suupohjan nahkatehdas aloitti heti tehtaan modernisoinnin hankkimalla vanhanaikaiseen tehtaaseen höyry- ja muita apukoneita. Seuraavana vuonna nahkatehdas pääsi lehtiin siksi, että se oli yksi helsinkiläisen kauppiaan harjoittaman petoksen uhreista. Tappiot jäivät kuitenkin verrattain pieniksi.

Viimeistään vuonna 1927 Suupohjan nahkatehtaalla oli myös kenkäkauppa Atlas-pankin talossa lähellä toria. Kesällä 1929 yhtiö teki toisen suuren investoinnin lapikkaiden tuotantoa varten.

Suupohjan Nahkatehdas Oy. kehittyy yhä.

Äskettäin on Kristiinassa toimiva Suupohjan Nahkatehdas O.y. saanut uusia useita nykyaikaisimpia koneita lapikasteollisuutensa kehittämistä varten. Niiden avulla voidaan syksyinen tuotanto moninkertaistuttaa.

On ilahduttavaa, että Kristiinassakin erinäiset tarmokkaiden liikemiesten johtamat yritykset kehittyvät yllämainittuun suuntaan.

Kristiinan Sanomat 18.6.1929.

Närpiön Suominen

Jostain syystä 1900-luvun alussa eri puolilla Suomea toimi yhtä aikaa useita Suominen-nimisiä nahkureita. Joillain käsityöläisillä oli tapana antaa kaikille sukunimettömille oppilailleen sama sukunimi, joten joku ehkä nahkurimestari oli ottanut tavaksi nimetä sukunimettömät oppilaansa Suomisiksi.

Myös Närpiössä toimi vuosisadan alussa nahkurina yksi Suominen. Kaskislainen M. V. Suominen osti vuonna 1904 T:mi E. Karlssonilta tämän Närpiössä sijainneen nahkatehtaan. Närpiön Suominen näyttää luopuneen tehtaastaan heikon terveyden vuoksi vuonna 1922.

Myytävänä.

H.S., U.A., N.L., K.T., Wbl., Hbl. 2k. tj. 50

NAHKATEHDAS
myytävänä.

Omistajan sairauden tähden myydään käynnissä ja hyvässä kunnossa oleva nahkatehdas Närpiön pitäjässä, jossa ei ole muuta nahkurinliikettä ja ostajapiiri on suuri. Lähempiä tietoja saa pyydettäessä omistajalta

M. V. SUOMISELTA,
Nahkuri Närpiössä.

Kristiinan Sanomat 8.9.1922.

Sisällissota

Purjeiden kaupunki -historiikissa kuvataan tapahtumia Kristiinankaupungissa ennen sisällissodan puhkeamista.

Venäläissotilaat ottivat haltuunsa kristiinalaisten huviloita sekä niitä ympäröiviä alueita. Uusitorille rakennettiin parakkeja ja hevosaitauksia. Myös viereinen kansakoulun piha otettiin sotilaskäyttöön. Jännitteet kasvoivat kaupungissa suomalaisten ja venäläisten välillä samalla, kun maailmansota teki tuhojaan Keski-Euroopassa.

Jännitteistä huolimatta kaupunkiin perustettiin myös uutta teollista toimintaa. Rahdit kohosivat maailmansodan jatkuessa niin korkeiksi, että purjelaivoja laitettiin vielä kerran rakenteille ympäri Pohjoismaita. Kristiinankaupungissa kapteeni Starck ja Erland Grankull perustivat muutaman muun osakkaan kanssa Motorfartygs Ab Neptun -nimisen yhtiön, jonka oli tarkoitus rakentaa moottorialuksia myyntiin vanhan laivaveistämön alueella. Yhtiö laittoi loppuvuodesta 1916 rakenteille kolme pienehköä alusta. Yhtiö on ainakin kaksi vuotta myöhemmin Juhon tilikirjoissa asiakkaana.

Punaiset riehuivat kaupungissa marraskuussa 1917. Vuodenvaihteen jälkeen kiersi huhu, että punaiset alkaisivat ryöstelemään ja polttamaan kaupunkia venäläisten avustuksella. Aivan venäläisten kasarmin naapurissa asuneet Suomiset olivat varmasti kauhuissaan kaiken tämän keskellä. Pertti Suomisen mukaan osa Juhon lapsista oli sisällissodan aikaan evakossa Lintulassa Storträsketin rannalla, mutta 16-vuotias Lauri joutui jo vartiotehtäviin.

Varakkaimmat kristiinalaiset alkoivat hylätä kaupungin. Juho osti 20.12.1918 Gustaf Hydéniltä varastomakasiinin 4000 markalla (noin 1700 euroa). Hydén oli myynyt samana vuonna myös Norra Bryggeriet -panimon, myllyn, höyrykoneen, niittyjä ja latoja, useita veneitä sekä talon nro 91 torin varrelta. Talon paikalla on nykyään Talaksen tavaratalo. Konrad Sundman myi entisen Wendelinin talon Pohjoismaiselle Yhdyspankille. Erik Tötterman, sukunsa viimeinen kaupungissa, lakkautti toiminimensä ja muutti Helsinkiin.

Kristiinankaupungin taistelu

(Lähde: Suomen vapaussota 1918 kartasto ja tutkimusopas)

Kristiinankaupungissa käytiin yksi sisällissodan ensimmäisistä taisteluista. Useimmat Etelä-Pohjanmaan varuskunnat antautuivat nopeasti suojeluskunnille, mutta Kristiinankaupunkiin sijoitetut venäläiset päättivät taistella. Suomisten asunnon ja nahkaverstaan kanssa samassa korttelissa sijainneeseen venäläisten kasarmiin oli sijoitettu reilut 150 sotilasta, joista enemmistö oli hyvin varusteltua ratsuväkeä. Venäläisillä oli käytettävissään kuusi tykkiä, jotka tosin oli suunnattu suojaamaan kaupunkia mereltä tulevalta hyökkäykseltä. Kaksi tykeistä oli Skatan patterissa, noin neljä kilometriä kaupungin eteläpuolella, ja loput neljä Itäpuolella sataman eteläpuolella. Venäläiset olivat varustaneet avukseen noin 70 punakaartilaista.

Paikalliset suojeluskuntalaiset katkaisivat kaupungista lähtevät puhelin- ja lennätinlinjat sunnuntaina 27.1.1918. Venäläiset aavistivat tästä jotain olevan tekeillä ja asettuivat taisteluasemiin Kaupunginlahden länsirannalle – ehkä Juhonkin tontin rantaan, Pohjapään kallioille sekä sataman eteläpuolelle sijoitettujen tykkien luo.

Paavo Talvelan johtamat Lapväärttiin sijoittuneet valkoiset saivat seuraavana päivänä hyökkäyskäskyn. Osasto ei ollut vielä valmiina ja paikallisilla valkoisilla oli pulaa aseista, joten he päättivät ostaa aikaa neuvottelemalla venäläisten kanssa. Punaiset valtasivat neuvottelujen venyessä puhelinkeskuksen sekä raatihuoneen, jonka tornista tuli vartiopaikka. Itäpuolen Myllymäelle sijoitettiin etuvartio.

Keskiviikkoon asti kestäneet neuvottelut päättyivät tuloksettomina. Iltapäivällä valkoiset saivat tiedon, että Kaskisten varuskunta oli riisuttu aseista. Närpiön suojeluskunta saapuisi Kristiinankaupungin lähistölle keskiyöllä ja Seinäjoelta oli tulossa apua aamuksi. Noin 400-miehinen kristiinalaisista, närpiöläisistä, Vöyrin sotakoululaisista ja eteläpohjalaisista suojeluskunnista koostunut osasto kokoontui aamulla 31.1. Tiukkaan, ja samankokoinen joukko lähiseudun suojeluskuntalaisia Lapväärttiin.

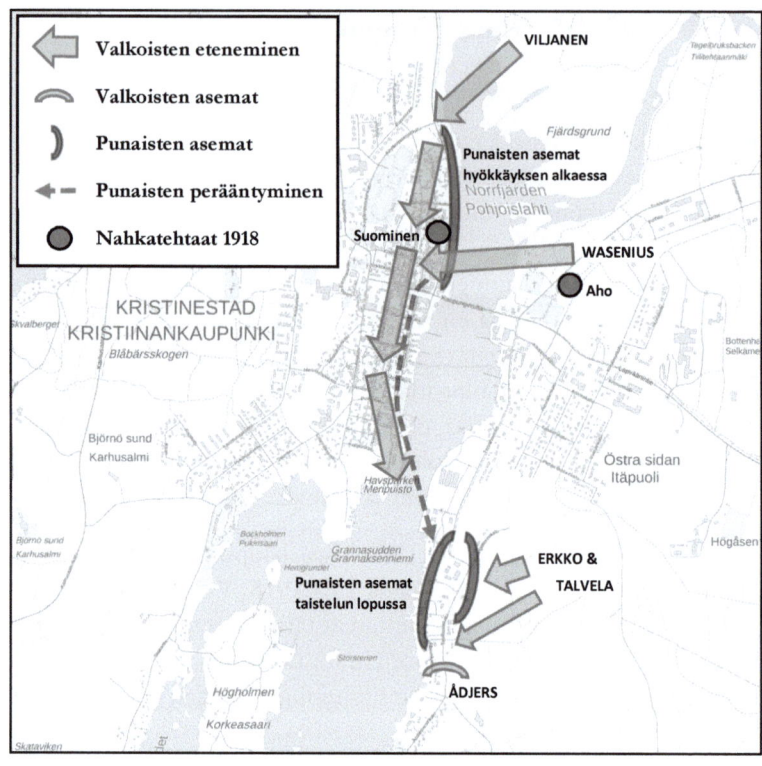

Kristiinankaupungin taistelu 31.1.1918.

Valkoisten aloittivat hyökkäyksen samana aamulla. Jääkäri Viljasen joukon oli tarkoitus kiertää Kaupunginlahden ympäri, mutta opas johti miehet vahingossa jäälle. Venäläisten tuli oli kuitenkin niin epätarkkaa, että Viljanen onnistui tunkeutumaan kaupunkiin. Ylioppilas Waseniuksen miehet hyökkäsivät samaan aikaan kaupungin puolelle jään yli K. K. Ahon nahkatehtaan vieressä olleen vanhan hautausmaan kohdalta. Kahdesta suunnasta tullut hyökkäys yllätti venäläiset, jotka lähtivät vetäytymään kaupungin läpi etelän suuntaan ja Varvinmäen kohdalta jään yli Itäpuolelle tykkiensä luo. Viljanen ja Wasenius ottivat kaupungin hallintaan tunnissa, ja asettuivat asemiin Varvinmäelle.

Seuraavaksi taisteluihin liittyivät jääkäri Talvelan joukot sekä ylioppilas Eljas Erkon johtamat vöyriläiset. Patterin luona käytiin tulitaistelu, joka päättyi jo kymmeneltä venäläisten ja punaisten antautumiseen. Valkoisia kaatui ja haavoittui vaikeasti 10, punaisia 14 ja venäläisiä 17. Punaisia johtanut räätäli Aarnio tuomittiin sotaoikeudessa kuolemaan.

Punainen velipuoli

Siinä missä Juho olisi ollut takuuvarmasti yksi Kristiinankaupungin punaisten ensimmäisistä uhreista, hänen nuorimmasta velipuolestaan tuli jotain täysin päinvastaista.

Wikipedian mukaan sisällissodan tulevat osapuolet olivat perustaneet Loimaalla omia puolisotilaallisia joukkojaan jo huhti–toukokuussa 1917, ja työoloihinsa tyytymättömät maatyöläisten lakot kiristivät tilannetta. Tilanne karkasi lopullisesti hallinnasta yleislakon aikana marraskuussa 1917. Marraskuun 21. päivänä käytiin Vesikosken kahakka, jonka jälkeen Loimaa jäi punaisten hallintaan sisällissodan loppuun asti.

Vuoden vanhana isänsä menettänyt ja muutenkin huonon alun elämäänsä saanut Fredrik Gabriel liittyi monen muun loimaalaisen tapaan punaisten riveihin ja osallistui aseiden ryöstämiseen loimaalaisista taloista. Vetu, kuten hänet ainakin noihin aikoihin tunnettiin, oli ehtinyt tehdä ennen sisällissodan syttymistä jo ainakin kaksi ryöstöä, vaikka oli vasta 18-vuotias.

Fredrik Gabriel liittyi helmikuussa loimaalaisista punaisista koostuneeseen joukkoon, jota Hufvudstadsbladet nimitti myöhemmin 10.9.1918 numerossaan ”Loimijoen murhaosastoksi”. Lehtijutun mukaan loimijokiset murhasivat helmikuussa yhdessä Turusta saapuneen vastaavan osaston ja muutamien paraislaisten ja forssalaisten kanssa kaikkiaan parikymmentä ihmistä rintamalinjan takana, heistä yhdeksän Oripäässä.

Omien sanojensa mukaan Fredrik Gabriel osallistui taisteluihin Lavialla, Suodenniemellä, Karkussa, Leppäkoskella ja Kosken pitäjässä. Hän pakeni sodan lopulla metsien kautta Herralaan, jossa antautui valkoisille, ja suljettiin Lahden vankileiriin.

Sisällissodan jälkeen, 1.10.1918, Valtiorikosoikeuden 73. osasto tuomitsi Fredrik Gabrielin avunannosta valtiopetokseen ja ryöstöstä kuudeksi vuodeksi kuritushuoneeseen sekä menettämään kansalaisluottamuksensa 12 vuodeksi. Fredrik Gabriel vetosi Valtiorikosylioikeuteen jo seuraavana päivänä, mutta armonanomus hylättiin.

Loimaan Metsämaan kappelin sekä Alastaron ja Mellilän pitäjien kihlakunnanoikeus tuomitsi Fredrik Gabriel Jaakkolan 10.2.1919 ennen sisällissotaa ensikertalaisena tekemistään ryöstöstä ja törkeästä ryöstöstä yhteensä 11 kuukauden kuritushuonerangaistukseen ja menettämään kansalaisluottamuksensa viideksi vuodeksi. Hänet siirrettiin neljä päivää myöhemmin Helsingin kuritushuoneeseen kärsimään rangaistustaan.

Yksi menneisyyden haamu saavutti Fredrik Gabrielin, kun hän istui rangaistuksensa loppuosaa Sukevan varavankilassa. Tyrvään piirin kruununnimismies oli tutkinut talollinen Herman Jartun murhaa, joka oli tehty pitäjässä sisällissodan aikana 12.4.1918 vastaisena yönä, ja kuulusteluissa oli tullut esiin nimet Frans Mikael Töykkälä, "Vetu Jaakkola tai Jaakola", Sipi Toivonen, Alfred Kurkela ja Viljo Suhonen. Kaksi viimeistä oli onnistunut pakenemaan Venäjälle, mutta kolme ensimmäistä oli jo valmiiksi vankilassa tai vankileirillä. Valtiorikosylioikeus määräsi Valtiorikosoikeuden Porissa toimivan osaston 143 ottamaan Herman Jartun murhan käsittelyyn.

Fredrik Gabriel pidätettiin uudestaan 24.1.1920, vain kymmenen päivää Sukevan varavankilasta vapautumisen jälkeen. Murhaoikeudenkäynti pääsi alkamaan 27.2.1920 kahden lykkäyksen jälkeen. Varsinkin Fredrik Gabrielia vastaan esitettiin jo ensimmäisessä istunnossa raskauttavia todisteita.

Todisteiden esittämiseen tarvittiin kaikkiaan kolme istuntoa. Fredrik Gabriel yritti kuulustelujen ja oikeuskäsittelyn aikana turhaan kyseenalaistaa todistajien uskottavuuden. Hän väitti poliisien vaikuttaneen yhden keskeisen todistajan lausuntoihin ja yhden lausunnon olleen kosto.

Murhamies Vetu?

Murhan aikoihin punaiset olivat jo vetäytymässä kohti etelää ja itää. Loimaalaisten esikunta oli asettunut Tyrväälle, Herman Jartun taloon. Todistajanlausuntojen mukaan "Vetu" oli jo jonkin aikaa hautonut Suojeluskuntaa aiemmin auttaneen Herman Jartun tappamista. Esikunnan päällikkönä ollut Salminen oli kieltänyt vahingoittamasta isäntää, mutta hänen otteensa miehistä alkoi lipsua, kun tilanne rintamalla paheni.

Joukko punaisia meni 11.4. illalla päällikön kielloista huolimatta hakemaan Jarttua kotoaan. Ensimmäisenä isäntää meni hakemaan Fredrik Gabriel, joka väitti saaneensa määräyksen viedä tämän Tyrvään esikuntaan. Kun Jarttu ei suostunut lähtemään, "Vetu" sanoi menevänsä kysymään päälliköltä, miten toimitaan. Hieman myöhemmin isäntää kävi vaatimassa mukaan Toivonen, joka kuitenkin lupasi lopulta, että isäntä saisi olla yön yli rauhassa. Seuraavaksi kokeiltiin huijausta. Jartun kamariin lähetettiin nuori mies, joka väitti valkoinen nauha hihassaan tulleensa pelastamaan isäntää valkoisten puolelle rintamaa. Jarttu kuitenkin tunnisti tämänkin miehen, eikä suostunut lähtemään.

Lopulta punaiset tulivat puolen yön aikoihin joukolla, veivät Jartun väkisin mukanaan ja kuljettivat hänet läheiselle sillalle. Siellä isäntä ammuttiin, ryöstettiin ja työnnettiin jokeen. Viereinen Karkun rintama murtui vain muutama päivän murhan jälkeen ja punakaarti joutui lähtemään pakomatkalle.

Valtiorikosoikeus totesi Fredrik Gabrielin sekä Töykkälän ja Toivosen osallisiksi Herman Jartun murhaan. Kaikki kolme tuomittiin elinkautiseen vankeuteen. Fredrik Gabriel anoi Valtiorikosylioikeudelta tapauksen uudelleen käsittelyä, mutta anomus hylättiin.

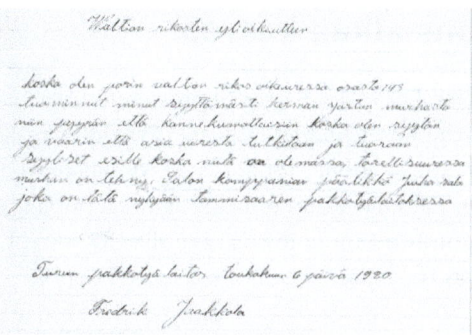

Fredrik Gabrielin anomus Valtiorikosylioikeudelle 6.5.1920.
(Kansallisarkiston ASTIA-palvelu)

Fredrik Gabrielin rangaistus muutettiin kahdentoista vuoden kuritushuonerangaistukseksi 7.12.1918 valtiorikoksiin syyllisten henkilöiden armahduksesta annetun päätöksen nojalla. Fredrik Gabriel vapautui Tammisaaren vankilasta 11.1.1927. Hänet kuulutettiin siviiliavioliittoon Saimi Emilia Kangaskärjen kanssa heinäkuussa 1929. Pariskunnalle syntyi tytär Anna.

Kohtalona Neuvostoliitto -tietokannan mukaan Fredrik Gabriel vangittiin Neuvostoliitossa vuonna 1935 laittomasta rajan ylityksestä. Veljentytär Eila Silerinteen (os. Jaakkola) mukaan Fredrik Gabriel oli lähtenyt Neuvostoliittoon metsätöihin ja joutunut monen muun suomalaisen tapaan työleirille Siperiaan. Hän vapautui ja palasi Suomeen vasta vuonna 1954.

Suomeen palattuaan Fredrik Gabriel asui aluksi Helsingissä. Eila Silerinne kertoi Fredrikin olleen hyvin mukava mies, joten kovat kokemukset eivät olleen saaneet häntä katkeroitumaan. Fredrik Gabriel muutti myöhemmin Ypäjälle, jossa menehtyi 11.11.1981. Hänet on haudattu Loimaalle.

Pertti Suomisen mukaan Fredrik Gabriel vieraili Juhon luona pian Suomeen palattuaan. Hänen mukaansa myös tämän vierailun yhteydessä oli käynyt ilmi, että Fredrik Gabriel oli viettänyt aikaa Neuvostoliitossa.

Varallisuus alkaa kasvaa

Syd-Österbotten kertoi 17.8.1918 Suomisen tontilla kaksi päivää aikaisemmin sattuneesta tulipalon alusta. Pyykkituvan lattian raoista oli pudonnut läpi kipinöitä, jotka olivat yön aikana sytyttäneet lattian palamaan. Palo havaittiin onneksi aamulla puoli viiden aikoihin ja ehdittiin sammuttaa muutamalla sangollisella vettä. Lattian lisäksi vahinkoa kärsivät pyykkituvassa olleet vaatteet.

J. M. Suomisen nahkuriliike ja -verstas toinen rakennus oikealta.
(Olle Haaviston kokoelmat, kuvaaja tuntematon)

Juhon tilikirjan perusteella nahkaverstaan myynti oli vuonna 1918 noin 68 000 markkaa. Asiakkaita Juholla oli Helsinkiä, Turkua, Tamperetta ja Vaasaa myöten, mutta paikallisia hyvin vähän. Tuloista meni palkkoihin noin 30 % ja raaka-aineisiin saman verran. Verstas tuotti Juholle noin 17 000 markkaa, eli noin 7 200 nykyeuroa.

Kun näitä lukuja verrataan vuoden 1917 viimeisen neljän kuukauden lukuihin, voidaan arvioida että sekä myynti että palkat kasvoivat markkamääräisesti parikymmentä prosenttia vuodesta 1917 vuoteen 1918. Sisällissodan aiheuttaman rahan arvon romahduksen vuoksi myynnin arvo nykyrahassa putosi kuitenkin alle puoleen.

Suupohjan Kaiku julkaisi 6.3.1919 Kristiinankaupungin suurimmat veronmaksajat edelliseltä vuodelta. Suurimmat kolme olivat kaikki yhtiöitä: Kalakauppa Hästbacka & Mattson, Kansalliskauppa Oy Sampo ja Vaasan Osake-Pankki. Suurituloisin henkilö oli kaupungin viimeinen suuri laivanvarustaja Gustav Hydén. Juho oli 17 000 markan tuloillaan kaupungin 36:ksi suurituloisin henkilö. Tiukantien nahkatehtaan suurempaa kokoa ja kapasiteettia kuvaa, että tehtaan tuolloin omistaneen K. K. Ahon tulot olivat yli kaksinkertaiset Juhoon verrattuna.

Suupohjan Kaiku 3.4.1919.

Laivanvarustuksen aika päättyy

Motorfartygs Ab Neptunin kolme sisällissodan viivyttämää alusta valmistuivat Purjeiden kaupunki -kirjan mukaan kesällä 1919. Alukset saivat nimet Neptun I, Neptun II ja Neptun III. Yhtiö laittoi rakenteille vielä neljännen aluksen, jonka nimeksi tuli aikanaan Neptun IV. Yhtiö oli joutunut kasvattamaan osakepääomaansa useaan kertaan, koska inflaatio oli sodan aikana kohottanut alusten rakennuskustannuksia. Kun rahtimarkkinat lähtivät lisäksi laskuun, yhtiö myi Neptun I:n. Sekä Neptun II että III tuhoutuivat vuoden 1919 aikana. Pahaan lamaan valmistunut Neptun IV koki saman kohtalon seuraavana vuonna. Varustamo ei enää toipunut tästä, ja jatkossa Kristiinankaupungin satamassa nähtiin vain vieraita aluksia.

Juhonkaan liiketoimet eivät sujuneet vielä vuoden 1920 lopulla aivan toivotulla tavalla, sillä hän julkaisi 18.12.1920 Etelä-Pohjanmaalehdessä ilmoituksen, jossa kertoi myyvänsä pieksunahkaa halvalla "rahanpuutteen takia".

Kesällä 1921 Kristiinan Sanomat kiinnitti huomiota puutavaran viennin kasvuun Kristiinankaupungin satamassa. Rautatien ansiosta kaupunkiin alkoi virrata taas niin suuria määriä puutavaraa, että sataman tulot kaksinkertaistuivat.

Kristiinankaupungin ja Seinäjoen välillä kulki päivittäin kolme junaa molempiin suuntiin. Sekajunalla ja postijunalla matka kesti kolmisen tuntia, väliasemilla lastaamaan ja purkamaan pysähtyneellä tavarajunalla matkaan kului kahdeksan tuntia.

Juho kokeili jälleen vuonna 1922 toimialansa laajentamista. Tuolloisista lehti-ilmoituksista päätellen Juho alkoi myydä elintarvikkeita Rantakatu 29:ssä. Elintarvikekauppa loppui kuitenkin lyhyeen, sillä ilmoitukset näyttävät loppuneen jo seuraavana kesänä.

Hos Garvaren Suominen i Kristinestad

säljes: gott kaffe, socker, ris- och mannagryn, vete- och potatismjöl, ärter, sill m. m. m. m. Butik: Strandgatan 29 (f. d. Sundströms 2-våningsbyggnad).   73

Syd-Österbotten 21.1.1922.

Kielikiistat

Suupohjan Sanomien edeltäjä Kristiinan Sanomat julisti tammikuussa 1921 Kristiinankaupungin olevan kaksikielinen kunta, jossa suomenkielisiä on suvaittava ja suomen kielen tulee kuulua "kirkossa, lakituvassa, valtuustossa ja rahatoimikamarissa". Suomenkielisten määrä oli lehden mukaan yli nelinkertaistunut 1880-lukuun verrattuna, ja 1920-luvulle tultaessa melkein kolmannes kristiinalaisista oli suomenkielisiä.

Kristiinan Sanomat uskoi, että kaupungin taantumisessa oli tapahtunut pysyvä käänne parempaan. Nousu edellyttäisi kuitenkin varastopaikkojen laajentamista, lastauksen helpottamista, satamamaksujen kohtuullistamista ja ennen kaikkea kaupungin avautumista myös Suupohjan suomenkielisille toimijoille. Lehti oli huolissaan, että sataman kehittäminen kaatuisi kuitenkin kielipolitiikkaan, koska kieliryhmien välillä vallitsi jatkuva jännite.

Kiistelyyn kulutettiin puolin ja toisin voimavaroja, joita olisi ollut parempi käyttää yhdessä kaupungin kehittämiseen. Tavallista kansaa "herrain riidat" eivät kuitenkaan kiinnostaneet. Kaupungissa oli paljon myös niitä ruotsinkielisiä, joiden mielestä kaksikielisyys oli kaupungin elpymiselle ja kehitykselle vain eduksi.

Juholla oli ilmeisesti hyvät välit niin suomen- kuin ruotsinkielisiin sekä kaupungissa että sen ympäristössä. Juho oli oppinut kohtuullisen hyvin ruotsia jo Viipurissa ja Tammisaaressa asuessaan. Pertti Suominen kertoo kuulleensa Juhon tunteneilta närpiöläisiltä ikäihmisiltä, että Juho puhui hienoa ruotsin kieltä, "nyländskaa". Kielitaidosta ja avoimesta asenteesta oli hyötyä kaupankäynnissä Kristiinankaupungissa ja eritoten täysin ruotsinkielisillä lähiseuduilla. Juho itsekin myönsi, että "närpiöläiset minut on rikastuttaneet."

Kohti lamaa

Ida synnytti vuosina 1917–1922 ainakin kolme lasta, jotka joko syntyivät kuolleina tai kuolivat pian syntymänsä jälkeen. 12.2.1917 syntynyt Eeva Helena ja 21.11.1919 syntynyt Kaarlo kuolivat vielä saman päivän aikana. Heidän välissään 23.9.1918 syntynyt Juhokin eli vain viisi päivää. Pertti Suomisen tietojen mukaan Ida ja Juho saivat vielä pojan, joka nimettiin Henrikiksi. Henrikistä ei kuitenkaan ole merkintää kirkonkirjoissa, joten hän on luultavasti syntynyt kuolleena, eikä ole saanut siksi virallisesti kastetta.

Perheeseen saatiin vielä iltatähti, kun Eeva Sylvia eli Sylvi syntyi 9.3.1923. Kun Martta myöhemmin kuoli, Sylvistä tuli perheen ainoa tytär ja ainakin veljien mukaan Juhon ehdoton lempilapsi.

Optimismi hiipuu

Kristiinankaupungissa 1920-luvun alussa rautatien ansiosta vallinnut optimismi hiipui Suupohjan Sanomien historiikin mukaan nopeasti. Työttömyys, konkurssit ja toimeliaisuuden puute vaivasivat 1920-luvun puolivälistä alkaen kaupunkia. Vanhat käsityöläiset jatkoivat edelleen ammattiensa harjoittamista, mutta uusia elinkeinoja ei syntynyt. Muuttoliike suuntautui ulospäin ja tuonpuoleiseen.

Viimeisetkin kristiinalaiskauppiaat katosivat vientimarkkinoilta ja vaasalaiset siirsivät vientitoimintansa omaan kaupunkiinsa, koska pienellä kaupungilla ei ollut varaa laajentaa ja päivittää satamaansa ajan tasalle. Jopa Kaskisten ennen niin vaatimaton vienti oli kasvanut nopeasti Kristiinankaupungin ohi. Myös sähköntuotannon kanssa oli ongelmia, ja yksityinen sähkölaitos päätyi konkurssiin.

Maanomistaja ja -vuokraaja

Vielä 1900-luvun alkupuolella oli tavallista, että kaupunkilaisillakin oli tuotantoeläimiä, peltoja ja niittyjä ainakin omiin tarpeisiin. Juho vuokrasi kaupungilta niittyjä ja peltoja, mutta hänellä ei ollut ilmeisesti aina riittävästi työvoimaa korjaamaan heinäsatoa, koska hän päätyi usein huutokauppaamaan oikeuden korjata sadon niityiltään eniten tarjoavalle.

— Talojen vaihto. Nahkuri J. M. Suominen on myynyt täällä Rantakadun varrella olevan talonsa asemineen 179 ja 180 liikemies A. E. Leikkaalle Lapväärtistä, ja on hra Leikas myynyt nahkuri Suomiselle Lapväärtin Dagsmarkin kylässä omistamansa $1/_{18}$ manttaalin suuruisen maatilansa. Kaupat olivat vaihtokauppoja, joiden hinnat kuitattiin vastakkain.

Kristiinan Sanomat 3.11.1922.

Juho hankki maata myös omaksi. Juho vaihtoi esimerkiksi vuonna 1922 talot 179 ja 180 Rantakadun varrelta pieneen Dagsmarkissa sijainneeseen maatilaan. Juho oli ostanut nämä talot edellisen vuoden kesäkuussa kauhajokiselta Matti Käyräkoskelta, joka oli ollut Juhon nahkuriliikkeen vuokraisäntä vuosina 1913–1915.

Vajaa kaksi vuotta myöhemmin Juho huutokauppasi Dagsmarkista tilan osaa, johon kuului kymmenkunta hehtaaria viljelysmaata ja noin 30 hehtaaria metsää. Ehkä kyseessä oli osa vuonna 1922 ostetusta tilasta.

Hemmansauktion.

Fredagen den 25 dennes kl. 2
e. m. försäljes garvaren Suomi-
nens hemmansdel i Dagsmark
12 km från Kristinestad, invid
Ragnarsvik kvarn vid ån invid
landsvägen. Jorden utgöres av
20 tunnland odlad jord samt 60
tunnland skog allt i ett skifte.
Jorden har stark motståndskraft
mot köld. Gott bete. Växtlig-
heten i god växtkraft. Husen i
nöjaktigt skick. En del av kö-
peskillingen erlägges genast, res-
ten mot säkerhet. Halv timmes
betänketid förbehålles. Närmare

J. SUOMINEN, Kristinestad.

Syd-Österbotten 19.7.1924.

Huijareita ja varkaita

Syd-Österbottenin mukaan nuori kristiinalaismies varasti
23.12.1925 Juhon verstaasta raakanahan ja myi sen eteenpäin hon-
kajokisen miehen välityksellä. Miehet otettiin kiinni ja tuomittiin
18.1.1926 raastuvanoikeudessa. Nahkavaras tuomittiin 3 kuukau-
den ja 10 päivän vankeuteen ja menettämään kansalaisluottamuk-
sensa kahdeksi vuodeksi. Varastetun raakanahan edelleen myynyt
mies tuomittiin rikoksen uusijana kuuden kuukauden vankeuteen.

Teurastajien toimittamissa raakanahoissa oli joskus aivan liikaa li-
hanjäämiä ja muuta ylimääräistä. Nämä aiheuttivat nahkurille lisää
puhdistustyötä ja saattoivat jopa pilata koko nahan. Juho ja kaksi
muuta nahkuria kyllästyivät tähän ja julkaisivat 20.10.1928 Syd-Ös-
terbottenissa ilmoituksen, jossa varoittivat että vastaisuudessa huo-
nosti puhdistetuista nahoista saisi 10 % alemman hinnan.

Syd-Österbotten 20.10.1928.

Perhetyövoimaa

Pertti Suominen arvioi, että kaikki Juhon lapset olivat koulumenestyksessä selvästi keskitason yläpuolella. Vähäisellä koulunkäynnillä hyvin elämässään pärjännyt Juhon piti ilmeisesti opiskelua turhanpäiväisenä, joten kaikkien lasten koulutus jäi vähäiseksi. Juho vaati sen sijaan poikiaan osallistumaan jo nuorella iällä perheyrityksen työhön. Hänellä oli kuitenkin toisinaan vaikeuksia saada poikia innostumaan työnteosta, sillä veljeksiä kiinnosti enemmän kilpailu urheilussa, tiedossa ja väittelyssä. Juho oli silti ylpeä pojistaan ja suojeli heitä ehkä vähän liikaakin.

Pojat ottivat Pertti Suomisen kuuleman mukaan silloin tällöin isänsä varastosta vuodan, leikkasivat sen remmeiksi tai saappaanvarsisoiroiksi ja lähettivät ruotsin kieltä osaavan naapurin pojan Närpiöön niitä kauppaamaan. Kauppa kävi kuulemma hyvin, ja jokainen sai naapurin pojan palattua osuutensa myyntituloista pienen palkkansa jatkoksi.

67

"Karvari haisee ku saatana"

Nahkurin ammatti oli esiteollisessa yhteiskunnassa välttämätön, mutta myös halveksittu. Suurimpana syynä oli epäilemättä perinteisestä nahanvalmistuksesta syntynyt haju, joka varmasti tarttui myös nahkuriin itseensä. Nahkaverstaat tarvitsivat runsaasti vettä, joten ne sijaitsivat lähes poikkeuksetta vesistön äärellä, mutta hajuhaittojen vuoksi kylän ulkopuolella.

Juhoa haju tuskin haittasi, sillä hän oli muutenkin hienostelematon mies, joka kulki aina arkisissa vaatteissa ja tarttui työhön kuin työhön missä tahansa vaatteissa, jotka sattuivat olemaan päällä. Samanlaista vaatimattomuutta hän edellytti myös vaimoltaan.

Arkista käyttönahkaa

Pertti Suomisen mukaan Juhon tehtailla tuotettiin pääasiassa erityyppisiä raaka-aineita suutareille ja muille nahan jalostajille. Rasvanahan lisäksi tuotettiin karvanahkaa, saapasvarsinahkaa sekä mänttinahkaa ja valmiiksi leikattuja remmejä ja hihnoja.

Erittäin kestävä mänttinahka soveltui hyvin työhevosten valjaisiin. Lähiseudun pikkuverstaiden ja suutareiden lisäksi asiakkaina olikin maanviljelijöitä, jota tarvitsivat hevosilleen siloja ja suitsia sekä itselleen lujia ja lämpimiä nahkasaappaita ja työkäsineitä.

Valmiit nahat jäivät joskus lojumaan pitkäksikin aikaa odottamaan omistajaansa ja niistä joutui muistuttelemaan lehti-ilmoituksin.

> KAIKKI, jotka ovat ennen 10 p. viime helmikuuta jättäneet nahkoja valmistettavaksi saavat niitä valmiina tulla noutamaan luotani. J. M. SUOMINEN, Kriistiina.

Kristiinan Sanomat 28.4.1925.

Raakanahasta nahakseksi

Suuret nahkatehtaat hankkivat nahkaa jopa ulkomaita myöten. Toisaalta nahkaa valmistettiin myös asiakkaan itse toimittamista vuodista. Juho hankki paljon vuotia paikalliselta teurastamolta.

Juho myös välitti raakanahkaa eteenpäin. Ainakin vuosina 1926–1927 hän toimi vaasalaisen Robert Lehtisen edustajana Kristiinankaupungissa.

Raakoja vuotia ja nahkoja

sekä metsäeläinten nahkoja
ostaa päivän hintoihin.

Robert Lehtinen, Vaasa, Kauppapuistikko 17. Puh. 6 36
Edustajat Hannes Mäenpää, Seinäjoki ja J. M. Suominen, Kristiina. — Puhelimet on.

Ilkka 9.10.1926.

Raakanahat tulivat nahkurille joko tuoreina, kuivattuina tai suolattuina, ja niitä säilytettiin käsittelyn aloittamiseen asti suolaliemessä. Suolattuja vuotia liotettiin ennen käsittelyn aloittamista viileässä vedessä pari vuorokautta, jotta niistä tuli taas pehmeitä ja taipuisia.

Raakanahkoihin jääneet lihan ja rasvan jäänteet olisivat haitanneet nahan parkintaa, ja olisivat mädäntyessään pilanneet koko nahan. Ne kaavattiin tästä syystä pois puolipyöreän puualustan päällä. Pummiksi kutsuttu puualusta oli toisesta päästään miehen lantion korkuinen ja toisesta päästään tuettu lattiaan. Kaavauksessa käytettiin pitkää, kaarevaa puolipyöreää kaavinveistä, jossa oli kahvat molemmissa päissä.

Ohuesta nahasta karvat, orvaskesi ja lihanjäämät voitiin poistaa myös mädättämällä, jolloin syntyi voimakas rikistä johtuva mädän kananmunan haju. Rasvanjäämät kaavattiin pois lihapuolelta mädättämisen jälkeen. Vuodista irrotetut puolimädät lihan ja rasvan kappaleet tekivät lattiasta liukkaan ja tuottivat yhden nahkatehtaalle ominaisista hajuista.

Toinen tapa irrottaa karvat oli vuotien liottaminen lipeästä tai sammutetusta kalkista tehdyssä liuoksessa niin, että karvat löyhtyivät. Tämän jälkeen ne voitiin irrottaa pitkällä veitsellä, jossa oli kahvat molemmissa päissä.

Raakanahasta oli nyt tullut nahas. Jotta nahaksista saatiin jälleen taipuisia, niihin kertynyt kalkki täytyi poistaa huolellisesti peittaamalla, eli liottamalla niitä esimerkiksi maitohappoliuoksessa. Kun tavoitteena oli valmistaa jäykkää nahkaa, kuten pohjanahkaa, perusteellinen pesukin riitti.

Ennen parkitsemista nahaksille suoritettiin vielä klettaus, eli niistä puhdistettiin loputkin karvojen jäänteet ja muu lika. Tähänastisen käsittelyn tuloksena nahas oli paksuudeltaan noin puolet alkuperäisen raakanahan paksuudesta.

Parkitseminen

Parkitseminen teki nahasta niin kuivana kuin kosteana säilyvää, sekä pehmeää. Parkkiaineena voitiin käyttää esimerkiksi pajun tai kuusen kuorta, alunaa, kromia, oksaalihappoa tai jopa kaura- ja ruisjauhoista valmistettua hapanpuuroa. Parkitsemistapa vaikutti paitsi prosessin nopeuteen, myös nahan väriin.

Jos käytettiin kasviperäistä parkkia, nahkoja liotettiin useassa eri parkkialtaassa. Ensimmäisessä altaassa oli useita kertoja aikaisemmin käytettyä parkkilientä. Tämän jälkeen nahat siirrettiin yhä vähemmän käytettyyn parkkiliemeen ja lopuksi täysin käyttämättömään liemeen. Hapanpuurolla parkitseminen tapahtui levittämällä puuro vuodan lihapuolelle ja asettamalla kaksi vuotaa pariksi viikoksi lihapuolet vastakkain. Kromin avulla parkitsemista voitiin nopeuttaa perinteiseen kasviparkitukseen nähden moninkertaisesti, mutta kromista aiheutui huomattavasti suuremmat ympäristö- ja terveyshaitat.

Valmiit nahat kaavattiin vielä kerran pummin päällä. Samalla ne kuivuivat hieman. Märät nahat siirrettiin tämän jälkeen kuivaverstaaseen.

Kuivaverstas

Kuivaverstaalla nahat levitettiin orsille kuivumaan. Tämän jälkeen niitä rasvattiin, kuivattiin orsilla, kostutettiin ja pehmitettiin useaan kertaan. Rasvaukseen voitiin käyttää kasviperäistä öljyä tai eläinrasvaa. Näin nahasta tuli pehmeämpää ja paremmin vettä pitävää.

Rasvan lämmittäminen oli paloturvallisuusriksi, joten ainakin J. M. Suomisen nahkatehtaalla rasva lämmitettiin ulkona suuressa valurautapadassa ja pidettiin lämpimänä lämmittämällä rasvaushuone vähintään 40–50-asteiseksi.

Seuraavaksi nahat piitattiin, eli pingotettiin naulaamalle lautalavereihin tai verstaan seinille. Nahkojen kuivuttua ne rihdattiin, eli kostutettiin jälleen tasaisesti. Kostutetut nahat träkättiin, eli pehmitettiin ja venytettiin pystyasennossa träkkiraudalla nahkurin omaa painoa käyttäen. Tämän jälkeen nahka kasteltiin puhtaalla vedellä sekä vaskattiin, eli silitettiin sinkkilevyllä päällystetyllä pöydällä. Nahan lihapuoli pysyi tämän jälkeen sileänä. Vaskatut nahat nostettiin jälleen orsille.

Nahat viimeisteltiin kiillottamalla lasituskoneella sekä ohentamalla paksut kohdat huolellisesti terävällä falssiraudalla. Kun haluttiin erityisen hienoa nahkaa, siitä voitiin höylätä pois ohut lastu lihapuolelta plankseerausraudalla tai erityisellä ohennuskoneella. Nahan pintaan voitiin vielä tämän jälkeen tehdä kuvioita narvirullalla.

Tulipalo Kristiinassa.

Suomisen nahkatehdas ja ulkohuonerakennus palanut.

Noin k[o puoli 4:n ajoissa huomattiin tuli täällä kaupungin pohjoisosassa Rantakadun ja kaupungin lahden välissä oleva J. M. Suomisen nahkatehdasrakennuksessa. Palokunnat hälyytettiin ja sammutustöihin ryhdyttiin kohta sikäli kuin sammutusvälineet saatiin kuntoon, mutta tehdasrakennuksessa oli tuli jo päässyt siksi hyvään vauhtiin, ettei sen pelastamisesta ollut toivoakaan ja oli päähuomio kohdistettava läheisten rakennusten pelastamiseen. Nämä saatiinkin varjelluksi sikäli, ettei tuli päässyt leviämään naapuritaloihin eikä asuinrakennuksiin. Tehdasrakennuksen vieressä ollut pienempi ulkohuonerakennus kuitenkin paloi ja siinä pari kanaa. Hevoset ja lehmät saatiin viime tingassa pelastetuksi. Onneksi oli ilma tyyni, joka helpoitti naapurirakennusten suojelua.

Palossa tuhoutui myöskin nahkatehdaskalusto kokonaan sekä valmiita ja raakoja vuotia, parkkia ja rasvoja useiden kymmentuhansien arvosta.

Rakennukset oli vakuutettu Kaupunkien Yleisessä Palovakuutusyhtiössä 25,000 mk:sta ja irtaimisto samoin vain pienellä osalta, mutta nousevat palon aiheuttamat vahingot kuitenkin huomattavasti yli 100,000 mk:n.

Vedensaanti ei taaskaan ollut niin nopeaa kuin olisi ollut suotavaa ja riiskufetkut rikkoutuivat paristakin kohdasta.

Uutinen tulipalosta Kristiinan sanomissa 30.9.1927

72

Tulipalo

J. M. Suomisen nahkatehdas paloi kello neljän aikoihin yöllä 29.9.1927. Tulipalosta kirjoitettiin useiden maakunnan lehtien lisäksi ainakin Kauppalehdessä.

Sammutusvälineiden kehno kunto ja veden saanti haittasivat sammutuksen aloittamista. Varastoituina olleet öljyt lisäsivät ajoittain palon voimakkuutta, ja tuli ehti levitä tehdasrakennuksessa niin pitkälle, ettei tehdasta voitu enää pelastaa. Joissain lehdissä väitettiin, että rakennuksessa oli säilytetty myös petrolia, mutta tämä virheellinen tieto korjattiin myöhemmin. Tehdasrakennuksen lisäksi tuhoutui viereinen ulkorakennus.

Tyyni ilma helpotti onneksi naapurirakennusten suojelua, joten tulen leviäminen omiin asuinrakennuksiin sekä naapuritaloihin saatiin estettyä. Myös hevoset ja lehmät saatiin täpärästi pelastettua.

Osa valmiista nahkatuotteista sekä varastoidusta viljasta saatiin pelastettua, mutta raakoja ja valmiita vuotia sekä parkkia ja rasvoja tuhoutui kymmenien tuhansien arvosta. Vahingot nousivat yhteensä reilusti yli sadan tuhannen markan. Koska rakennukset oli vakuutettu vain 25 000 markan ja varastoidut tavarat noin 60 000 markan arvosta, Juho kärsi palossa suuret tappiot.

Verstaan ullakolla ennen paloa askaroinutta Lauria jäi loppuiäksi vaivaamaan, oliko hän vahingossa aiheuttanut palon. Palon syy ei koskaan selvinnyt varmuudella, mutta sen arveltiin saaneen alkunsa viallisista tulisijoista.

Lahti

Nahkatehtaan palo pakotti Juhon etsimään uusia tuotantotiloja jopa toiselta puolelta Suomea. Hän ilmoitti tammikuussa 1928 Karjala-lehdessä etsivänsä "pienehköä nahkatehdasta" maaseudulta tai kaupungista.

Halutaan ostaa pienehkö
Nahkatehdas
joko maalla tai kaupungissa.
Lähemmin J. M. Suomisen
nahkuriliike, Kristiinankaupunki.

Karjala 3.1.1928.

Juho myi helmikuussa viistosti nahkaverstasta vastapäätä sijainneen talon nro 202 Bertel Rosenlundille Härkmeristä. Ehkä tarkoituksena oli saada pääomaa uuden tehtaan hankkimiseen vakuutuksesta saadun korvauksen lisäksi.

Möysän eli Tokkolan nahkatehdas

Sopiva nahkatehdas löytyi lopulta Lahden seudulta, jossa paikallinen nahkakauppias Rikhard Saarinen oli mennyt konkurssiin. Saarisella oli ollut nahkaliike Lahden kaupungin keskustassa ja nahkatehdas Möysässä. Koska Lahdessa oli useita muita nahkaliikkeitä, Juho katsoi luultavasti parhaaksi ostaa pelkän tehtaan.

Vuosisatoja vanhassa Lahden kylässä sijainnut Möysä sijaitsi aivan Lahden kaupungin rajan tuntumassa, mutta jäi osaksi Hollolaa, kun kaupunki irrotettiin pitäjästä vuonna 1905.

Juha Pfäfflin Vuonna 2019 julkaistun maisterintutkielman "Hannulan murjuja ei enää ole" mukaan Rikhard Saarisen nahkatehdas toimi "1920-luvulla muutaman vuoden ajan" Joutjärven länsipäässä, uimarannan vieressä. Saarinen oli ostanut Pöysälän palstatilasta palan maata vuonna 1908, nimennyt sen Tokkolaksi ja rakentanut sille nahkatehtaan. Tutkielman mukaan Tokkolan nahkatehdas tunnettiin erityisesti siitä, että sen jätevedet laskettiin suoraan Joutjärveen.

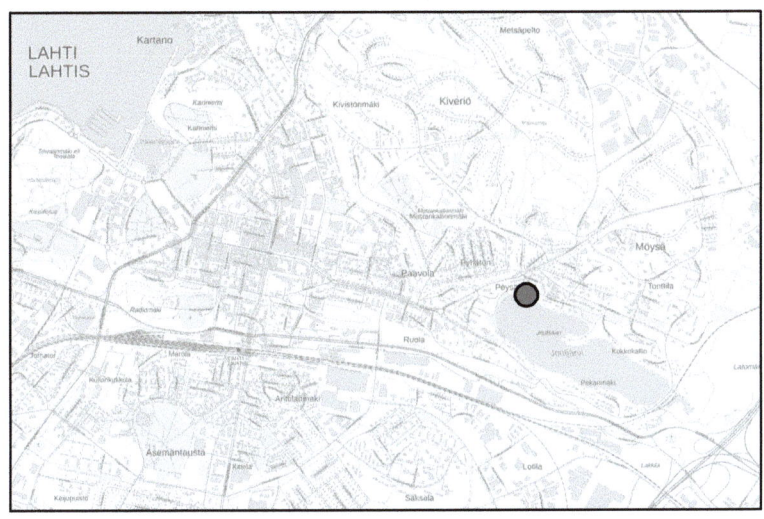

Möysän nahkatehtaan sijainti.

Ensimmäinen löytämäni Juhon mainos on julkaistu lahtelaisessa lehdessä jo 26.5.1928, vaikka kauppakirja allekirjoitettiin vasta 1.6. Etelä-Suomen Sanomissa 8.9.1928 julkaisemassaan ilmoituksessa J. M. Suominen kutsuu vielä tehdastaan "ent. Rikh. Saarisen nahkatehtaaksi". Näihin aikoihin Juho joutuu myös Kauppalehden protestilistalle, kun Helsingin vuotaliikkeen asettama vekseli on jäänyt maksamatta.

Nahantarvitsijat huomatkaa!

Lapikas-, ääri-, pinnipohja-, varsi-y.m. nahkoja myytävänä ent. Rikh. Saarisen nahkatehtaalla ja otetaan maakunnasta nahkoja myös valmistettavaksi. Osoite: Lahti, Möysä, puhelin 719. *J. M. Suominen*, nahkuri.

Etelä-Suomen Sanomat 8.9.1928.

75

Kuulutus Suomen virallisessa lehdessä 27., 28. ja 29.11.1928.

Liiketoimia myös Kristiinankaupungissa

Juholla oli muutosta huolimatta edelleen omistuksia ja liiketoimin-
taa myös Kristiinankaupungissa. Hän laittoi kesällä 1928 Närpiön-
tien varressa sijainneen niityn sadon, toisen niityn vuokraoikeuden
sekä omistamansa peltomaan Tiukantien varresta myyntiin satoi-
neen kaikkineen. Niityn vuokraoikeus ei ilmeisesti mennyt kau-
paksi, koska Juho kauppasi heinänteko-oikeutta huutokaupalla
myös seuraavana vuonna.

Pertti Suominen arvelee, että Juho ja Ida ottivat mukaansa Lahteen
ainakin Laurin ja viisi nuorinta lastaan. Paavo ja Väinö jäivät siis
mahdollisesti jatkamaan isänsä liiketoimintaa jossain muodossa.
Paikallisissa lehdissä vuosina 1928–1930 julkaistujen ilmoitusten
perusteella ainakin J.M. Suomisen nahkaliike jatkoi toimintaansa ja
osti edelleen parkkia, vaikka nahkuri oli Lahdessa.

Kaskö Tidning 15.9.1928.

Nihkeät lahtelaiset

Pertti Suomisen mukaan nahkatehtaan aiheuttamat hajuhaitat alkoivat ärsyttää uusia asukkaita, joita Lahden kasvu toi Hollolankin puolelle. Nahkatehtaan lipeäaltaista nouseva haju oli varsinkin kesähelteillä tukala. Moni lähiasukas oli kuulemma todennut, että Suominen "saa painua takaisin Pohjanmaalle ja viedä hajut mennessään". Lahden ympäristössä oli useita muitakin nahkatehtaita, joten kilpailukin saattoi kiristyä. Juho alkoi itsekin olla valmis vaihtamaan paikkakuntaa.

Pertti Suominen kertoo myös tarinan, jonka mukaan nahkatehtaassa oli rikkoutunut höyrypannu. Juho joutui kutsumaan paikalle ilmeisesti jonkinlaisen sepän vikaa korjaamaan. Korjaaja oli huomannut ettei tekniikka ollut Juhon vahvinta alaa ja laskuttanut uusista osista ja melko alkeellisesta työstä pienen kristiinalaisen kaupunkitalon hinnan. Juho ei tapansa mukaisesti myöntänyt tälläkään kertaa tulleensa petetyksi.

Viimeinen löytämäni J. M. Suomisen mainos Lahdessa on julkaistu 9.2.1929, mutta nahkatehdas on todennäköisesti ollut Juhon omistuksessa vielä seuraavanakin vuonna, sillä Kristiinankaupungin seurakunnan kirjoissa siihen asti pysytellyt Juho vaihtoi seurakuntaa Hollolaan vasta vuoden 1930 lopulla.

Pfäfflin maisterintutkielman mukaan Möysän nahkatehtaan rakennukset siirtyivät 1930-luvulla Juho Ewald ja Hanna Hannulan omistukseen ja niistä tuli vuokrataloja. Rakennuksilla saattoi toki olla muitakin omistajia Juhon ja Hannuloiden välissä.

Möysän alue liitettiin Lahden kaupunkiin vuonna 1933.

Paluu Kristiinankaupunkiin

Nahan hinta heilahteli Suomessa voimakkaasti vuonna 1928. Etelä-Suomen Sanomissa ja Lahti-lehdessä julkaistujen artikkelien mukaan nahan hinta oli vielä helmikuussa poikkeuksellisen alhaalla, mutta lähti sen jälkeen jyrkkään nousuun. Maaliskuussa nahka maksoi noin 50 % enemmän kuin edellisenä keväänä. Toukokuussa kirjoitettiin jo 75–100 % korkeammista hinnoista ja kenkien hinnan noususta. Elokuussa hinta oli niin korkealla, että kenkien tuotantoa oli pakko vähentää. Marraskuussa Lahti-lehti kirjoitti kuitenkin jo hintojen huomattavasta laskusta.

Suupohjan nahkatehtaan loppu

Samaan aikaan, kun Juho sinnitteli Lahdessa, nahan tuotanto koki Kristiinankaupungissa ison mullistuksen. Suupohjan Nahkatehtaan kesällä 1929 tekemät investoinnit osoittautuivat jo syyskuussa ylivoimaisiksi yhtiön taloudelle. Pertti Suomisen tiedon mukaan uusilla koneilla oli ollut tarkoitus valmistaa krominahkaa, mutta nahkatehtaan tilat eivät soveltuneetkaan tähän tarkoitukseen.

Suupohjan Nahkatehdas jätti konkurssianomuksen Kristiinankaupungin raastuvanoikeuteen 23.9.1929. Tieto konkurssista saavutti Juhonkin, sillä siitä kirjoitettiin lehdissä ympäri Suomen, myös Lahdessa ilmestyvissä Etelä-Suomen Sanomissa.

— Suupohjan Nahkatehdas Oy:n konkurssissa tekevät varat 1.8 milj. mk. ja velat 2.7 milj. mk.

Etelä-Suomen Sanomat 15.10.1929.

Yhtiöllä arveltiin olevan varallisuutta liki kaksi miljoonaa, mutta velkoja vielä melkein miljoona markkaa enemmän. Vajaus olisi nykyrahassa reilut 300 000 €. Kuukautta myöhemmin myös yhtiön johtajana toiminut Mäkinen jätti vararikkoanomuksen. Hänellä oli 1,4 miljoonaa markkaa velkaa ja vain 8 700 markkaa varallisuutta.

Nahkatehtaan
Konkurssi-
huutokauppa.

Julkisella huutokaupalla, joka lauantaina ensitulevan toukokuun 31 päivänä kello 1 päivällä toimitetaan Suupohjan Nahkatehtaalla Kristiinankaupungissa, myydään Suupohjan Nahkatehdas Osakeyhtiön konkurssipesälle kuuluva nahkatehdas, jonka yhteydessä myöskin on harjoitettu suutarinliikettä, koneineen sekä erinäistä irtaimistoa ja varastoa, kuten lapikaskoneita, konttorikalustoa, pieksunahkaa ynnä miesten, naisten ja lasten pieksuja (lapikkaita). Allekirjoittaneet pidättävät tunnin mietintöajan tehtaasta tehtyjen tarjousten hyväksymiseen tai hylkäämiseen.

Nahkatehdas, johon kuuluu, paitsi varsinaista 2-kerroksista tehdasrakennusta, suutarinverstas, konttori- ja asuntorakennus, ulkohuonerakennus, varastorakennus, joka käsittää myös 5 asuinhuonetta sekä saunarakennus, sijaitsee Kristiinankaupungilta 1/4 1897 viideksikymmeneksi vuodeksi vuokratulla 0,852 ha laajuisella alueella tiluskuviolla 1471. Vuosivuokra maasta on 17 mk. 4 penniä.

Lähempiä tietoja antaa allekirjoittanut Ahopelto, Kristiinankaupunki.

Vaasassa, huhtik. 29 p:nä 1930.

M. A. Ahopelto.   S. V. Luutonen.
toimitsijamiehet.

Kuulutus Kristiinan Sanomissa 3.5.1930.

Konkurssipesän purkaminen aloitettiin kenkäkaupan loppuun-
myynnillä. Varastoa myytiin loppuunmyynnissä ja useassa huuto-
kaupassa yli vuoden ajan. Ensimmäinen huutokauppa itse tehtaasta
järjestettiin 31.5.1930. Koska yhtään hyväksyttävää tarjousta ei
saatu, 11.10. järjestettiin uusi huutokauppa. Tällä kertaa korkein tar-
jous oli 66 500 markkaa, joka sekin hylättiin. Kristiinan Sanomat
arvioi tarjouksen olleen "tuskin kuudennesta" tehtaan ja koneiden
arvosta.

Suupohjan nahkatehdasta kohtasi samaan aikaan konkurssimenet-
telyn kanssa toinenkin kriisi. Kaksi päivää anomuksen jättämisen
jälkeen työntekijän lehmä kuoli tehtaan navetassa pernaruttoon.
Lehmiä oli kuollut ennenkin mystisesti tehtaan mailla, ja heinä-
kuussa 1930 ajuri Saarisen lehmä kuoli pernaruttoon laidunnettuaan
rannassa, johon nahkatehtaan jätteet laskivat. Pernaruton epäiltiin
tulleen nahkatehtaan maille raakanahkojen mukana.

J. M. Suomisen nahkatehdas

Pertti Suominen muistelee: "Kun Juho sai kuulla Suupohjan nahka-
tehtaan konkurssista, hänelle tuli kiire päästä eroon Lahden vers-
taasta. Kauppakirjat tehtiin ja Juho sai etumaksuna 8-sylinterisen
Auburn-avoauton, T-Fordin sekä pienen summan rahaa."

Juho osti 10.2.1931 entisen Suupohjan Nahkatehdas Oy:n tehdas-
rakennukset "koneineen ja vuokraoikeuksineen" 100 000 markalla
(nykyrahassa noin 42 000 euroa). Tämä oli vain neljäsosa siitä,
minkä Kristiinan Sanomat oli neljä kuukautta aiemmin arvioinut
tehtaan arvoksi. Kauppakirja allekirjoitettiin 10.2., ja tontin vuokra-
oikeus siirtyi Juholle 16.2.

Kristiinan Sanomat 13.2.1931.

Juho oli avannut jo muutamaa päivää aikaisemmin huonekaluliikkeen Wihurin entisen tehtaan porttirakennukseen Rantakadulle. Käytännössä huonekaluliikettä hoiti luultavasti joku Juhon pojista. Juho siirtyi takaisin Kristiinankaupungin–Tiukan seurakunnan kirjoihin 11.3.1931.

Suupohjan nahkatehtaan tilisaatavat, jäännösvarasto ja joitain koneita huutokaupattiin vielä 29.4.1931. Pertti Suomisen mukaan Juho myi osan tarpeettomista laitteista tiukkalaiselle välittäjälle, joka kauppasi ne edelleen Kokkolan seudulle. Muutama isompi ja kalliimpi kone jäi kuitenkin ruostumaan nahkatehtaan pihaan.

Kristiinan Sanomissa 23.6.1931 julkaistu ilmoitus.

Tiukantien tehdaskiinteistö

Evald Karlsson oli vuokrannut 1.4.1897 kaupungilta nahkatehdastaan varten vajaan hehtaarin laajuisen tiluskuvion 50 vuodeksi. Vuokrasopimus oli siirtynyt tehtaan omistajanvaihdosten yhteydessä K. K. Aholle 12.5.1905, Rehtori U. U. Sepälle 3.12.1919, Suupohjan Nahkatehtaalle 8.3.1922 ja lopulta Juholle 16.2.1931. Sopimus oli hyvin edullinen, sillä 17,04 markan vuosivuokra vastasi tuolloin suunnilleen seitsemää nykyistä euroa.

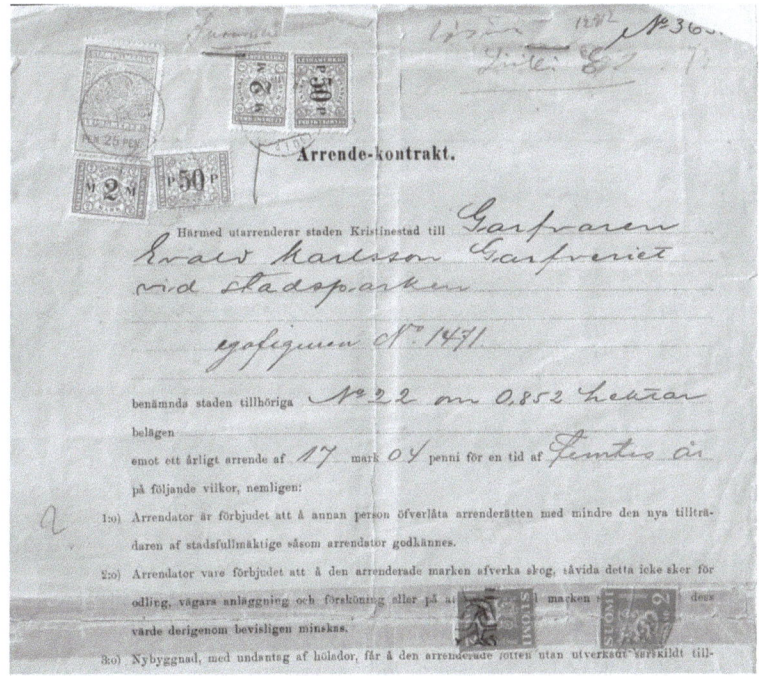

Osa tiluskuvion vuokrasopimuksesta.
(Tekijän kokoelmat)

Karlssonin rakennuttama tehdasrakennus oli noin 30 metriä pitkä ja hieman yli seitsemän metriä leveä hirsirakennus. Sen alempi kerros oli yli kolme metriä korkea ja toinen kerros keskiosaltaan alle 2,5 metriä. Tehtaan lisäksi pihapiirissä oli asuinrakennus, suutarinverstas, konttorirakennus sekä yhdistetty sauna ja leivintupa.

Asuinrakennuksessa oli saman katon alla viisi asuinhuonetta, navetta ja kahden hevosen talli. Navetassa oli tilaa neljälle lehmälle ja muutamalle vasikalle tai syöttöporsaalle. Pertti Suomisen mukaan rakennus oli siirretty aikoinaan muualta kahtena eri hirsikehänä ja sen jatkeeksi oli rakennettu 1920-luvun paikkeilla pystylaudoitettu suuli, eli heinävarasto. Tämä yhteensä 35 metriä pitkä rakennus on edelleen olemassa samalla paikalla.

J. M. Suomisen nahkatehdas Itäpuolella.
(Kopio Pertti Suomisen kokoelmissa, kuvaaja tuntematon)

Pertti Suomisen mukaan Juho rakennutti heti Tiukantielle muuttamisensa jälkeen maakellarin perunoille, juureksille ja marjasäilykkeille. Konttorirakennukseen jätettiin yksi huone toimistotilaksi ja kolme huonetta otettiin Juhon ja Idan asunnoksi. Sylvi oli Itäpuolelle muuttamisen aikoihin kahdeksanvuotias ja jäi asumaan vanhempiensa kanssa.

Vaikka useimmat Juhon pojista olivat jo saavuttaneet aikuisiän, yksikään ei ollut vielä avioitunut. Konttorin vieressä oleva asuinrakennus jaettiin kuudelle pojalle siten, että eteläpäädyn keittiön ja kamarin varasivat Paavo ja Väinö, pohjoisen keittiön ja kamarin Erkki ja Matti. Nuorimmat pojat Antti ja Martti majoittuivat keskelle jääneeseen hellahuoneeseen. Lauri varasi vanhimpana poikana itselleen erillään olevan saunarakennuksen, jossa sijaitsivat myös leivintupa ja saunakamari.

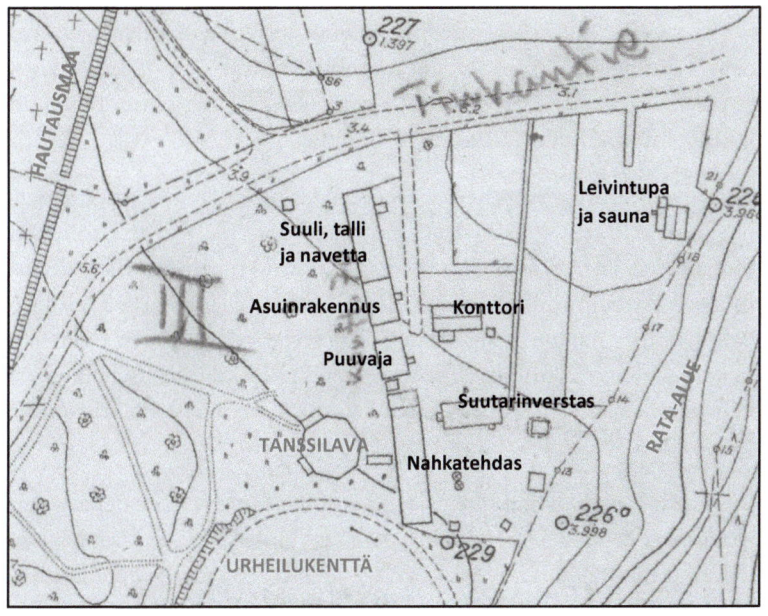

Nahkatehtaan rakennukset.
(Karta över en del av Kristinestads stadsplanerade område. Stadsplanemätningen
utförd år 1937–40 av lantm. ingeniör Isko Saarnivaara)

1930-luvun pula-aika

Varsinkin kaupungissa asuvilla oli vaikeuksia saada pula-aikana edes peruselintarvikkeita, kuten lihaa, jauhoja, maitotuotteita tai juustoa. Elintarvikkeet olivat säännöstelyn alaisia, eikä niitä juuri ollut tarjolla kaupoissa. Jos jollain olikin hallussaan "ylellisiä" ruokatarvikkeita, kuten ulkomaalaisia mausteita, kahvia, pippuria tai vastaavia, ne myytiin yleensä "tiskin alta" kovaan hintaan. Myös liha- ja maitotaloustuotteita säännösteltiin tiukasti ja ostolupien määrät olivat hyvin pieniä. Ne, joilla oli omat pienet kasvimaat, saivat sentään osan vuotta syödä perunoita ja juureksia metsästä saatavien marjojen ja sienien lisäksi. Kristiinankaupungissa liha korvattiin tietenkin kalalla, kuten muillakin rannikkoseuduilla.

Suomisen suuressa perheessä ruokaa kului valtavasti, mutta perheellä ei ollut pula-aikanakaan puutetta mistään. Pertti Suominen muistaa kuulleensa, että Suomisessa leivottiin perheen omaan kulutukseen parhaimmillaan yli sata leipää viikossa. Hän arvelee Juhon valmistaman nahan hyvän maineen pelastaneen perheen pula-ajan rasituksiltakin. Esimerkiksi talvi- ja syysmarkkinoilla myytiin aina valtavasti valjaita, vöitä, saapasnahkaa ja muita nahasta valmistettuja tuotteita.

Pienimuotoinen maanviljely ja karjanpito auttoivat osaltaan pitämään perheen leivässä. Kun liha, voi tai vehnä- ja ruisjauhot kävivät vähiin, Juho pakkasi hevoskärryn tai talvella reen täyteen nahkatuotteita ja lähti yön pimeydessä metsäpolkuja pitkin Närpiöön tekemään pientä mustan pörssin kauppaa.

Pertti Suominen sattui 1960-luvun puolivälissä työnsä vuoksi Närpiön keskustan tuntumassa sijainneelle tilalle, jonka rakennukset olivat punamullalla maalattuja pitkiä pohjalaistaloja ja sulkivat yhdessä ulkorakennusten kanssa sisäänsä suojaisan pihapiirin.

Pertin vierailun aikaan talossa asui kaksi iäkästä miestä. Kun heille selvisi, että kyseessä on nahkuri Suomisen pojanpoika, vanhat miehet innostuivat silminnähden ja alkoivat kertoa, kuinka Juho oli yöpynyt heillä useamman kerran ja tehnyt miesten kanssa paljon vaihtokauppoja: jauhoja, lihaa ja voita nahkatuotteita vastaan. Miehet pitivät Suomisen nahkatuotteita niin hyvinä, että hankkivat myös Kristiinan markkinoilla käydessään aina kaikki nahkatarpeensa Suomiselta.

Nahkaliike kaupungin keskustassa

Juholla oli ollut elokuusta 1932 alkaen nahkaliike Rantakadun ja Koulukadun lounaiskulmassa. Lokakuussa 1936 liike siirtyi Kauppatorin varteen Svenska Gårdenin kiinteistöön. Tavaratalo A. Talas toimi myöhemmin vuosikymmeniä tällä paikalla.

Svenska Gården.
(finna.fi. Fotosamling från Dagsmark, kuvaaja Viktor Nylund)

Liikkeen sijainnista huolimatta Juho mainosti seuraavana syksynä myyvänsä edelleen tuotteitaan markkinoiden aikaan myös torilla.

Vi bereda och sälja
sul-, över- och skaftläder
o. andra till yrket hörande produkter. Stort lager arbetshandskar!
H u d a r köpes till dagpriser.
Obs! Under marknadsdagarna även på torget.
J. SUOMINENS LÄDERFABRIK Kristinestad.

Syd-Österbotten 30.9.1937.

Juho anoi ja sai 16.9.1937 kaupunginvaltuustolta 50 vuoden jatkon nahkatehtaan tontin vuokraoikeudelle. Vuosivuokra nousi 250 markkaan, joka on nykyrahassa noin 12 euroa.

Viimeinen rauhan vuosi

Suupohjan Sanomat kirjoitti 2.6.1938 Itäpuiston urheilukentän kunnostuksessa huolimattomasti tehdyistä räjäytystöistä, joiden heittämät kivet vaurioittivat J. M. Suomisen nahkatehtaan kattoa ja tekivät viereisen tanssilavan kattoon yli kaksikymmentä suurta reikää. Henkilövahingoilta onneksi vältyttiin.

Tilikirjojen mukaan Juholla oli vuonna 1938 edelleen lähinnä suuria asiakkaita. Myyntitulot olivat vuoden alkupuoliskolla noin 68 000 mk (28 000 €) ja yksin joulukuussa yli 30 000 mk. Asiakkaiden omien nahkojen käsittelystä, eli niin sanotusta vierastyöstä Juho sai helmi-maaliskuussa 1050 mk. Juho on kirjannut varallisuudekseen vuoden alussa noin 144 000 mk (lähes 60 000 €), josta nahkatehtaan osuus oli yli hieman yli puolet ja kaupunkitalon osuus noin neljäsosa. Velkaa Juholla oli 43 000 markkaa (18 000 €).

Yksi Juhon 1930-luvun viimeisten vuosien suurimpia asiakkaita lienee ollut vaasalainen satulaseppä K. M. Sahlstedt, joka osti Juholta nahkoja ja karvaa 24 000 markalla vuonna 1938 ja 15 000 markalla vuonna 1939 (yhteensä 16 000 € nykyrahassa). Paikallisista asiakkaista suurin lienee ollut Ahti Niskala.

Yhteiskunnallinen toimija

Kristiinan Sanomat haastatteli 30.12.1932 Juhoa nahkojen hinnoista ja vientimahdollisuuksista:

Nahkain hinnat
matalammalla nykyisin kuin koskaan ennen.

Saksa suurin ostajamme.

Tavoitimme tänään puhelimessa Suupohjan Nahkatehtaan omistajan J. M. Suomisen ja tiedustelimme tällöin hänen mielipidettään nykyisistä nahkamarkkinoista.

— Pieni noususuunta oli kyllä näilläkin markkinoilla aiemmin syksyllä, mutta noin kuukausi sitten alkoi sen edestä taas hintain lasku, vastasi hra Suominen kysymykseemme. Varsinkin raa'an nahan hinta on nykyisin niin matalalla, että se ei ole ollut näin alhaalla koskaan. Mitään kiinteitä hintoja nahkamarkkinoilla ei ole ollutkaan ainakaan neljään vuoteen, vaan ovat ne häilyneet sinne tänne.

— Olisiko ulosviennistämme mitään erikoisempaa mainittavaa?

— Saksa lienee nykyisin suurin ostajamme. Pääasiassa halutaan ulkomaille nykyisin hiehon vuotia, kun sensijaan esimerkiksi lehmän vuotia ei osteta ollenkaan. Tässä samassa yhteydessä haluaisin mainita eräästä seikasta. Ulkomailla valitetaan säännöllisesti meidän nahkojen huonoa kuntoa, sillä ne ovat kovin roskaisia ja yleensä huonosti teurastettuja. Tällä tavoin luonnollisesti pilataan hinnat kokonaan. Olisi näinollen tähän puoleen kiinnitettävä paljon enemmän huomiota kuin tähän saakka, joskin viimeaikoina on vähäistä muutosta ollut havaittavissa.

Kristiinan Sanomien seuraaja Suupohjan Sanomat jatkoi tapaa haastattelemalla Juhoa ainakin syyskuussa 1935, toukokuussa 1937 ja marraskuussa 1938.

Paikallispolitiikkaa

Juho ei tyytynyt vaikuttamaan vain teollisuusmiehenä, vaan asettui ehdolle kaupunginvaltuustoon ainakin vuosina 1926, 1933, 1936 ja

1947. Kolmella ensimmäisellä kerralla menestys riitti varavaltuute-
tuksi asti.

Kungörelse.

För det förestående stadsfullmäktigvalet i Kristinestad har fastställts
en sålydande valsedel:

VALSEDEL''för val av stadsfullmäktige i Kristinestad den 4 december 1933.
VAALILIPPU Kristiinankaupungissa 4 p:nä joulukuuta 1933 toimitettavaa valtuusmiesten vaalia varten.

Svenska valförbundet.			Suomalainen vaaliliitto.	

Kristinestad, den 10 nov. 1933.   På centralnämndens vägnar:
AXEL HÄGGMAN, ordf.

Kuulutus valtuuston vaalista Syd-Österbottenissa 1933.
Suomalaiseen vaaliliittoon kuuluneella listalla numero 9 ovat Juhon lisäksi
leipuri Otto Kyyny, ajuri Karl Järnvall ja vuokraaja Herman Saarinen

Vuonna 1947 Juho ja muut "suomalaisen keskustan" ehdokkaat
joutuivat kommunistisen Työväen Sanomien hampaisiin. Syd-Ös-
terbottenissa 22.11.1947 julkaistun uutisen mukaan kommunisti-
lehti syytti kaikkien kuuden toimineen joko Lapuan liikkeessä,
IKL:ssä tai suojeluskuntaliikkeessä. Aiemmin samana vuonna Parii-
sissa Neuvostoliiton kanssa solmittu rauhansopimus oli määrännyt
nämä "fasistiset järjestöt" lakkautettaviksi.

Työväen Sanomien "Kristiinankaupungin taantumuksellisiksi por-
vareiksi" nimeämät ehdokkaat olivat järjestäneet vaalien alla eloku-
vanäytöksen, jossa esitettiin kolme amerikkalaista elokuvaa. Ohjel-
malehdessä väitettiin virheellisesti USA:n suurlähetystön olevan
yksi tilaisuuden järjestäjistä. Syd-Österbottenin mukaan näytöksessä
ei ollut kuitenkaan harjoitettu vaalipropagandaa ja elokuvat olivat
samanlaisia kuin aiemmin koululaisille esitetyt opetuselokuvat.

Juho toimi Kristiinan tehtailijoiden ja käsityöläisten yhdistyksessä. Tällainen yhdistys oli vielä 1900-luvun alkupuolella pakollinen kaikissa kaupungeissa. Juho valittiin 1920-, 1930- ja 1940-luvuilla useita kertoja yhdistyksen verotuslautakuntaan ja ainakin kerran tilintarkastajaksi. 1930-luvulla Juho oli jäsenenä myös Kristiinan suomalaisessa klubissa, ja toimi sen varatilintarkastajana.

Suomenkielisen kansakoulun johtokuntaan Juho nimitettiin 1930-luvulla useita kertoja, vaikka melkein kaikki omat lapset olivat jo käyneet kansakoulun silloin loppuun.

Suomenkielisen kansakoulun johtokunta 1930-luvulla. Juho vasemmalla.
(Pertti Suomisen kokoelmat, valokuvaamo Aavamo)

Näiden julkisten luottamustehtävien lisäksi Juho oli mukana ainakin vuokraviljelijöiden yhdistyksessä ja suomenkielisten kiinteistönomistajien yhdistyksessä. Hänet valittiin ensin mainitun asiamieheksi ainakin vuosina 1941 ja 1942 ja jälkimmäisen hallitukseen ainakin vuonna 1948. Juho oli Kristiinankaupungissa merkittävä kiinteistönomistaja, sillä Pertti Suomisen tietojen mukaan hän omisti enimmillään yksitoista kaupunkitaloa, joista hän vuokrasi asuntoja.

Talvi- ja jatkosota

Neuvostoliitto hyökkäsi Suomeen marraskuussa 1939. Koska Lauri oli heti varusmiespalvelunsa alussa todettu "palvelukseen kelpaamattomaksi", hän sai jäädä talvi- ja jatkosodan ajaksi nahkatehtaalle töihin. Siihen vaikutti varmasti myös se, että nahka oli tärkeä raaka-aine sotilaiden varustelussa.

Huonoina aikoina käytettiin kaikki mahdollinen karvanahka. Raaka-aineeksi kelpasivat kissat, koirat, kanit, jänikset ja oravat. Kristiinan-kaupungissa ja muualla rannikoilla valmistettiin myös paljon hylkeennahkaa, josta saatiin erittäin lämpimiä ja ilmavia kengänpohjallisia. Hylkeenpyytäjät toimittivat nahkureille myös hylkeenrasvaa eli traaniöljyä, jota käytettiin erilaisten rasvanahkojen käsittelyyn. Juho yritti myöhemmin myös myydä traaniöljyä eteenpäin.

Pertti Suomisen mukaan Juho oli sodan aikaan pidättyväinen pimeän nahan valmistuksen suhteen. Nahalla keinottelua torjuttiin tiukalla valvonnalla, mutta Juhon pojat tekivät kuulemma silti joitain pieniä yksittäisiä karvanahkoja lähinnä tutuille.

Suhteista oli hyötyä myös sodan aikana. Kun paikallisen valvovan virkamiehen isä kuuli poikansa olevan menossa Suomiselle tarkastamaan, onko altaissa ylimääräisiä vuotia, tämä ponkaisi Pertti Suomisen kuuleman mukaan pyörän selkään ja polki hengästyneenä Suomiselle varoittamaan: "Poika tulee tarkastamaan, pistäkää äkkiä ylimääräiset nahat piiloon."

Sota koettelee perhettä

Kristiinankaupunkikin sai osansa Neuvostoliiton pommituksista, mutta kaupunki vältti suurilta vaurioilta. Suomisen perheen ensimmäinen sota-aikainen menetys koettiin 27.3.1942, kun nuoresta asti sydänvaivoista kärsinyt Martta kuoli vain 37-vuotiaana.

Pertti Suomisen mukaan Juho oli kertonut nähneensä vuosi ennen Martan kuolemaa unen, jossa paholainen kertoi päättäneensä ottaa Martan häneltä pois. Juho oli unessaan komentanut paholaisen pois

Jeesuksen nimeen, ja tämä olikin poistunut seinän läpi sellaisella voimalla, että koko seinä oli kaatua. Kun uni toistui vuotta myöhemmin, Juho raivostui ja hyökkäsi kiroillen paholaista kohti. Seuraavana aamuna Martta-tytär ei enää avannut silmiään.

Kaikki Juhon talvi- ja jatkosotaan osallistuneet pojat sen sijaan selvisivät hengissä. Paavo joutui helmikuussa 1940 Kuolemanjärvellä venäläisten vangiksi ja oli vankeudessa Siestarjoella ja Grjazovetsissa, mutta vapautui välirauhan aikana 20.4.1940. Paavokin sai jäädä jatkosodan ajaksi töihin nahkatehtaalle, sillä hänellä alkoi olla ikää, ja neuvostopropagandan epäiltiin saattaneen vaikuttaa sotavankina olleisiin.

Vuoden 1943 kassakirjan perusteella Juhon menot ylittivät vielä niukasti menot. Perheellä lienee kuitenkin ollut ruokaa pöydässä verrattain hyvin myös sota-aikana, sillä osa Juhon asiakkaista maksoi nahkojensa valmistuksesta elintarvikkeilla.

J. M. Suominen vuonna 1943.
(Pertti Suomisen kokoelmat. Kuvaaja Ines Hyvärinen)

Rantakatu 24 myyntiin

Kovat ajat pakottivat Juhon helppoon elämään tottuneet pojat aikuistumaan. Vuoden 1944 perhe sinnitteli ilmeisesti aiempien vuosien säästöillä, sillä ainakin kassakirjan mukaan nahkatehtaan menot olivat tuloja suuremmat. J. V. Salminen näyttää olleen tuolloin Juhon ainoa suuri asiakas. Juho alkoi tosin jo sodan aikana tehdä enemmän vierastyötä. Enimmäkseen hän valmisti asiakkailleen lampaan- ja vasikannahkoja. Tällaisia töitä ei ole välttämättä aina merkitty kassakirjoihin, varsinkaan silloin kun palkkio tuli elintarvikkeina.

Juho myi jatkosodan viimeisenä kesänä Rantakatu 24:n, ensimmäisen kiinteistön, jonka hän oli Kristiinankaupungissa omistanut. Myyntihinta oli 96 000 markkaa, nykyrahassa 19 000 €. Kiinteistön osti närpiöläinen Helmi Björklund ja helsinkiläinen Arvid Björklund.

Gårdsauktion. Medels frivillig auktion försåldes senaste lördag garvare J. M. Suominens gård vid Strandgatan 24 till fru Helmi Björklund, Närpes, och herr Arvid Björklund, Helsingfors. Köpesumman var 96,000 mark.

Syd-Österbotten 13.6.1944.

Seuraavan vuoden syksyllä Juho kauppasi Syd-Österbottenissa "vanhanmallisia" huonekaluja. Ehkä kyseessä oli Rantakadun talon kalusteet.

Salsmöblemang

av äldre modell, stoppat och i prima skick, samt enskild soffa och schäslong till salu. Kan beses hos
J. M. SUOMINEN,
Kristinestad.

Syd-Österbotten 21.8.1945.

Viimeiset vuodet

Sodan jälkeen suomalaisten elintaso lähti taas hiljalleen nousuun, ja monet pula-ajan nahat jäivät lunastamatta. Pertti Suominen löysi Juhon ullakolta vuosikymmeniä myöhemmin useita erilaisia karvanahkoja, jotka oli valmistettu toisen maailmansodan molemmin puolin. Näissä oli erilaisten riista- ja kotieläinten nahkoja. Nahat olivat hänen mukaansa erittäin laadukkaita. Nahka oli sametinpehmeää, eikä karva lähtenyt niistä irti kiskomallakaan.

Juhon toiseksi vanhin poika Paavo muisti vielä vanhoilla päivillään karvanahan tarkat valmistusohjeet, joissa otettiin huomioon eri nahkalajien käsittelyn edellyttämät pienet poikkeukset normaaliin valmistusprosessiin.

Parempi nahka houkutti kuitenkin edelleen varkaita. Elokuussa 1945 verstaalta varastettiin Syd-Österbottenin uutisen mukaan vasikannahka ja muutamia pienempiä nahanpaloja.

> STÖLDER. Fredag kväll anmäldes till polisinrättningen härstädes att från Suominens garveri på Östra sidan stulits ett kalvskinn samt någre mindre läderbitar.

Syd-Österbotten 21.8.1945.

Hyvät suhteet

Juhon vuosikymmenten aikana rakentamat hyvät suhteet tulivat hyödyksi myös, kun hän osti asuinrakennuksen vuonna 1945. Pertti Suomisen mukaan Juho maksoi rakennuksen käsirahan, ja loppusuorituksen ajankohta sovittiin seuraavalle vuodelle. Kaupan välittäjänä toimineen Kansallis-Osake-Pankin pankinjohtaja varoitti kuitenkin Juhoa tulossa olevasta setelinvaihdosta eli "setelien leikkaamisesta" ja kehotti maksamaan koko kauppasumman myyjälle vielä ennen vuodenvaihdetta.

Setelien leikkaaminen 1.1.1946 puolitti suurimpien setelien arvon, joten Juho vältti käytännössä kauppahinnan kaksinkertaistumisen. Valtio maksoi setelien arvosta menetetyn puolikkaan takaisin vasta vuonna 1949 ja selvästi inflaatiota pienemmällä korolla.

Toiminta hiipuu

Sodan jälkeen armeija ei enää tarvinnut saapasnahkaa ja erilaisia remmejä entiseen tapaan. Myös siviilipuolella nahan kysyntä hiipui, kun hevosten käyttö väheni ja saappaan pohjissa ja kärjissä alettiin käyttää kumia nahan sijasta.

Vuonna 1948 Juho alkoi mainostaa myyvänsä myös lehmän- ja vasikankarvoja. Seuraavana vuonna nahkatehtaan toiminta oli jo varsin vaatimatonta. Ahti Niskala osti edelleen mänttinahkaa 133000 markan arvosta (6650 € nykyrahassa), mutta muuten rahaa tuli lähinnä vierastyöstä. Antti ja Lauri työskentelivät isänsä tehtaalla ainakin satunnaisesti, mutta Väinö ja Paavo valmistivat mahdollisesti jo tuolloin nahkaa omiin nimiinsä.

Medelst

AUKTION

som förrättas lördagen den 17 dennes kl. 11 hos garvaren J. M. Suominen på Östra sidan försäljes en felfri valack samt jordbruksredskap, olika slag av kärror och slädar m.m.
Närmare om villkoren på platsen.

J. M. Suominen.

Syd-Österbotten 15.12.1949.

78-vuotias Juho päätti ilmeisesti luopua viljelystä vuonna 1949, sillä hän huutokauppasi Syd-Österbotteniin laittamansa ilmoituksen mukaan muun muassa hevosen ja erilaisia maataloustarvikkeita.

Leskimiehen vanhuuden päivät

Pitkään vaikeasta reumatismista kärsinyt Ida Aleksandra menehtyi 75-vuotiaana 15.11.1952. Pertti Suomisen mukaan leskeksi jäänyt Juho otti yhteyttä edesmenneen vaimonsa kuusi vuotta nuorempaan Maria-sisareen ja esitti vanhalle neidille koruttoman kosinnan. Juho sai kälyltään rukkaset ja vietti viimeiset elinvuotensa leskimiehenä omassa huoneessaan.

Ida Aleksandra Suominen
(Pertti Suomisen kokoelmat. Kuvaaja Ines Hyvärinen)

Juho myi 8.12.1953 puolet Tiukantien tiluskuvion vuokraoikeudesta sekä sillä sijainneesta nahkatehtaasta kaikkine laitteineen keskimmäiselle pojalleen Erkille. Paavo jatkoi pienimuotoista nahan valmistusta 1960-luvulle asti päätyönsä ohella.

Nahkurimestari Juho Maurits Suominen menehtyi rauhallisesti päiväunilla keinutuolissaan 83-vuotiaana 29.1.1955.

Seuraavat sukupolvet

Lauri

Lauri eli koko elämänsä vaatimattomasti jonkinasteisena erakkona. Hän suorastaan nautti saamastaan maineesta ja huomiosta omalaatuisena älykkönä. Lauri oli valitettavasti myös hieman liian hyväuskoinen, ja tuli sen vuoksi huijatuksi useita kertoja elämänsä aikana.

Perheettömäksi jäänyt Lauri menehtyi liikenneonnettomuuden jälkeen saamaansa keuhkokuumeeseen 24.11.1983.

Paavo

Paavo avioitui Anni Nybergin kanssa ja sai kaksi lasta, Risto Juhanin (s. 1944) ja Marja-Liisan (s. 1946).

Paavo työskenteli nahkatehtaassa 1940-luvulta 1960-luvulle ja teki myöhemmin ahtaajan töitä Kristiinankaupungin satamassa eläkkeelle jäämiseensä asti. Hän menehtyi Kristiinankaupungissa 92-vuotiaana 7.3.1996.

Väinö

Väinö avioitui Lilly Helenan (1916–1990) kanssa vuonna 1942. He toimivat aktiivisesti Pelastusarmeijassa, ja saivat kaksi lasta, Ritva Helenan (s. 1943) ja Annel Kristinan (s. 1946).

Väinö muutti perheensä kanssa Ruotsiin vuonna 1951, ja sai Ruotsin kansalaisuuden vuonna 1957.

Väinö menehtyi Ruotsin Alvestassa 2.1.1985.

Erkki

Erkki avioitui Taimi Wilhelmiina Latvan (1913–2001) kanssa vuonna 1941. He saivat kahdeksan lasta, Pentti Mikaelin (1941–1943), Anja Inkerin (s. 1944), Pentti Olavin (1947–2024), kaksoset

Pertti Kalevin ja Martti Severin (s. 1948), Pirkko Liisan (s. 1950), Eero Juhanin (s. 1951) sekä Erkki Tapion (1957–2003).

Nahkatehtaan toiminnan päätyttyä konttorirakennuksen sisältävä osa nahkatehtaan tiluskuviosta päätyi kokonaisuudessaan Erkin hallintaan. Erkki työskenteli seurakunnan vahtimestarina ja asui vaimonsa Taimin kanssa nahkatehtaan entisessä konttorirakennuksessa kuolemaansa asti.

Erkki menehtyi Kristiinankaupungissa sydäninfarktin jälkeen 23.1.1987.

Matti

Matti avioitui Rauha Heleena Ojalan (1914–1959) kanssa ja sai hänen kanssaan kaksi lasta, Simo Sakarin (1937–2014) ja Seija Marjatan (s. 1941). Rauhan menehdyttyä Matti meni naimisiin Sirkka Snellmanin kanssa. Matille ja Sirkalle syntyi kolme lasta, Saila (s. 1969), Miika (s. 1971) ja Sanna (s. 1986).

Matti muutti Poriin vuonna 1936, mutta palasi myöhemmin Kristiinankaupunkiin. Hän osti joulukuussa 1948 Rantakatu 25:stä talon, jossa asui kuolemaansa asti. Matti harjoitti liiketoimintaa ja toimi Kristiinankaupungin Jehovan todistajissa.

Matti menehtyi Kristiinankaupungissa 21.9.1989.

Antti

Antti viihtyi Laurin tapaan omissa oloissaan, mutta oli myös seurallinen sille päälle sattuessaan. Toisin kuin pääosa veljeksistä, hän arvosti ilmeisesti lukemista enemmän kuin urheilua.

Antti muutti vuonna 1961 Hämeenlinnaan ja hieman myöhemmin Ruotsiin.

Perheettömäksi jäänyt Antti kuoli jäätyään Tunnelbana-junan alle Tukholmassa 4.9.1979, mutta hänet on haudattu Kristiinankaupunkiin.

Martti

Martti muutti Poriin vuonna 1939 ja avioitui siellä Aune Irene Aaltosen (1915–2012) kanssa. Heille syntyi kaksi lasta: Seppo Kalervo (s. 1941) ja Tapani Maurits (s. 1943).

Martti työskenteli maalarina. Hän menehtyi Porissa vuonna 2005.

Eeva Sylvia

Eeva Sylvia avioitui Pentti Karin kanssa ja sai viisi lasta, Kalevin, Martin, Pekan, Ritvan ja Timon.

Eeva Sylvia muutti vuonna 1951 Ilmajoelle ja myöhemmin Helsinkiin, jossa menehtyi vuonna 2009.

Suomiset kesällä 1947. Takarivissä vasemmalta Aune ja Martti, Väinön vaimo Lilly, Paavo ja Anni, Matti ja Rauha, Erkki ja Taimi sekä Lauri. Keskimmäisessä rivissä vasemmalta Ritva, Juho sylissään Anneli, Ida sylissään Pentti sekä Risto. Eturivissä Seija, Simo, Seppo, Tapani ja Anja.
(Pertti Suomisen kokoelmat, kuvaaja Ines Hyvönen)

Nahkatehtaan maat vuonna 2024

Nahkatehtaan tiluskuviosta on nahkatehtaan toiminnan päättymisen ja tehtaan purkamisen jälkeen irrotettu osia kaupungin omistukseen sekä osaksi myöhemmin muodostettua teollisuustonttia. Jäljelle jäänyt osa on jaettu kahteen osaan, joista on alueen asemakaavoituksen myötä muodostettu tontit.

Konttorirakennuksen sisältävä osa on ollut koko ajan Suomisten käytössä, mutta pitkän asuintalon sisältävä osa oli pitkään suvun ulkopuolisessa halussa. Toisen tonteista omistaa Erkin poika Pertti Suominen ja hänen vaimonsa Carita Suominen. Toinen tonteista on heidän jälkeläistensä omistuksessa.

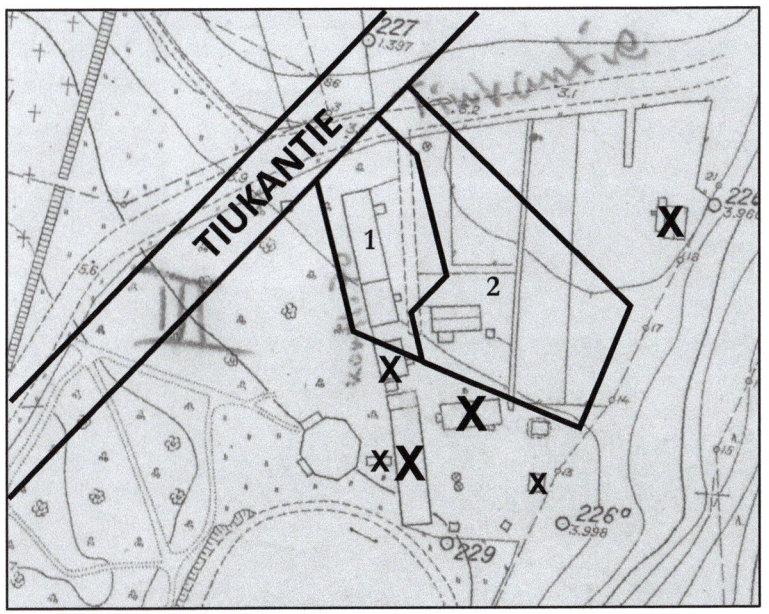

Puretut rakennukset ja nahkatehtaan alueelle muodostetut tontit.
(Karta över en del av Kristinestads stadsplanerade område. Stadsplanemätningen utförd år 1937–40 av lantm. ingeniör Isko Saarnivaara)

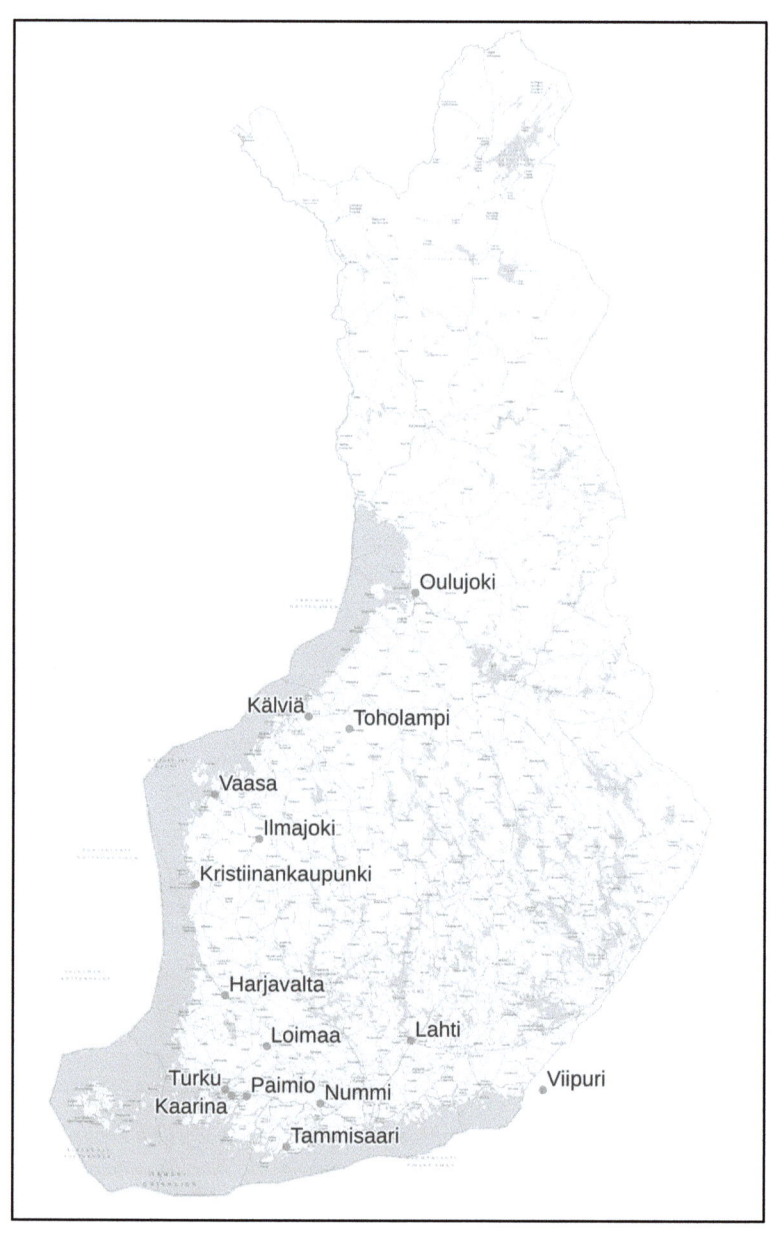

Juhon ja Idan asuinpaikat.

Sisällysluettelo

Lähteitä

Digitaaliset aineistot:

Suomen sukuhistoriallisen yhdistyksen kuvatietokanta kirkonkirjoista (www.sukuhistoria.fi)

Kansallisarkiston ASTIA-palvelu: henkikirjat, valtiorikosylioikeuden arkisto (astia.narc.fi)

Kansalliskirjasto: sanomalehdet (digi.kansalliskirjasto.fi)

Hakupalvelu finna.fi: valokuvia

Helsingin kaupunginarkisto: Helsingin poliisilaitoksen osoiterekisteri, osat I ja II.

Sotasampo (sotasampo.fi): Sotavangit

Juha Pfäfflin maisterintutkielma "Hannulan murjuja ei enää ole", Jyväskylän yliopisto, 1999

Kirjat:

Aunesluoma Juhana ja Häikiö Martti (toim.): Suomen vapaussota 1918 kartasto ja tutkimusopas. WSOY, Porvoo, 1995

Norrvik Christer: Purjeiden kaupunki. Oy Fram Ab, Vaasa, 1999

Pänkälä Martti: Suupohjan Sanomat 1897–1997. Suupohjan kirjapaino, Kristiinankaupunki, 1997

Suominen Pertti: Kaksi sukupolvea nahkatehtaan nurkilla. Omakustanne Petri Suominen, BoD, 2023

J. M. Suomisen tilikirjat

Virkatodistukset:

Juho Suominen (Kokkolan aluekeskusrekisteri, Rannikon ja Ahvenanmaan keskusrekisteri)

Ida Aleksandra Suominen (Turun alueellinen keskusrekisteri)

Pohjakartat:

Maanmittauslaitoksen taustakarttarasteri (2023)